征途之
跑者无疆

马拉松

白宇飞
周子卿
李嘉一
著

生活·讀書·新知 三联书店

Copyright © 2025 by SDX Joint Publishing Company.
All Rights Reserved.
本作品版权由生活·读书·新知三联书店所有。
未经许可,不得翻印。

图书在版编目(CIP)数据

征途之跑者无疆:马拉松/白宇飞,周子卿,李嘉一著. -- 北京:生活·读书·新知三联书店,2025.3.
ISBN 978-7-108-08006-6

Ⅰ.G822.8-49
中国国家版本馆 CIP 数据核字第 2025165PX4 号

责任编辑	王婧娅
封面设计	崔欣晔
责任印制	洪江龙
出版发行	生活·讀書·新知 三联书店
	(北京市东城区美术馆东街22号)
邮　　编	100010
印　　刷	上海雅昌艺术印刷有限公司
版　　次	2025年3月第1版
	2025年3月第1次印刷
开　　本	787毫米×1092毫米　1/32　印张6.375
字　　数	110千字
定　　价	56.00元

目 录

"征途三部曲"总序　/i

一、马拉松的前世今生　/001

（一）马拉松平原诞生的长跑运动　/001
1. 英雄传令兵的传说　/002
2. 略显武断的42.195公里　/006
3. 奥运会的最后一个项目　/009

（二）城市马拉松的兴起与发展　/019
1. 爱国者日开跑的马拉松赛　/020
2. 马拉松性别偏见的斗争　/023
3. 荒芜中生长出的城市马拉松赛　/027

二、世界马拉松大满贯 /034

(一) 全球跑者朝圣的殿堂——波士顿马拉松 /035
1. 世界最古老的马拉松赛 /035
2. 城市精神的胜利 /037
3. 参赛门槛最高的马拉松赛 /042

(二) 迎接新纪录 /045
1. 马拉松传奇诞生的摇篮——柏林马拉松 /045
2. 打破纪录新玩法——伦敦马拉松 /053
3. 人类运动极限的试验场——芝加哥马拉松 /059

(三) 赛道之美,奔跑之韵 /067
1. 与城市共荣的跑者天堂——纽约马拉松 /067
2. 口碑爆棚的亚洲之光——东京马拉松 /075
3. 从六大满贯到九星征途 /081

三、中国马拉松 /084

(一) 中国马拉松历史 /084
1. 从古代贵由赤到新中国首马 /084

2. 时光赛道上的中国马拉松新速度　/087

3. 巾帼逐梦，芳华印记　/091

4. 从萌芽走向繁荣的城市马拉松　/093

(二) 永恒的国马辉煌——北京马拉松　/096

1. 飞跃出竞技场，飞入街巷阡陌　/096

2. 经典国马路，唱响爱国心　/099

3. 北马辐射圈　/101

(三) 漫天樱花，十年锡马　/108

1. 人在画中跑　/108

2. 见证中国速度巅峰　/110

3. 满目尽是锡马粉　/112

4. 技术让情怀落地　/114

5. 专业态度实力"宠粉"　/116

(四) 白金厦马，永不止步　/118

1. 刻进城市DNA的马拉松　/118

2. 最美环岛路，海风拂面途　/123

3. 跑"厦"去，向未来　/125

（五）怡宝与你携手奔跑 /127

1. 一路相伴，你我的怡宝 /128

2. 专业"宝"障 /130

四、花式马拉松 /134

（一）撒哈拉沙漠马拉松 /135

1. 一个人的冒险，一群人的追逐 /135

2. 黎明前的黑暗时刻 /138

3. 团结就是力量 /143

（二）梅多克红酒马拉松 /144

1. 顶级名庄敞开喝 /144

2. 认真你就"输"了 /147

（三）名古屋女子马拉松 /149

1. 完赛就送蒂芙尼项链 /150

2. 女性关怀专属赛道 /152

3. 奔向荣耀与自由的舞台 /153

五、马拉松兄弟连 /155

(一)半马不是马? /155

1. 半马热潮 /156
2. 拥抱人潮,跨越山海 /158
3. 不同人的半马"终点" /160

(二)马拉松的尽头是越野? /162

1. 越跑越野 /162
2. 阿尔卑斯山上的越野跑殿堂 /164
3. 中华大地上的越野足迹 /168

(三)从马拉松到铁人三项 /172

1. 铁人三项的前世今生 /172
2. "You are Ironman!" /175
3. 中国铁三新时代 /179

后记 /181

"征途三部曲"总序

一百年前的那个午后,珠峰北坡上部突然放晴,山脊由此变得清晰可见,乔治·马洛里和搭档安德鲁·欧文随之无可争议地创造了彼时世界攀登史上的最高纪录——海拔约8600米。正当两个小黑点向顶峰继续发起冲击时,扣人心弦的画面却又一次被裹进云雾之中……

这是他们生前出现在人们视线中的最后一幕。他们再也没有回来。

翻开现代登山运动的宏伟篇章,无论是霍勒斯-本笃·索绪尔、米歇尔-加布里埃尔·帕卡德、雅克·巴尔马特等国际公认的先驱一代,还是最早问鼎地球之巅的埃德蒙·希拉里和丹增·诺尔盖,抑或有"登山皇帝"美誉的首位"无氧"登顶14座8000米级山峰的莱茵霍尔德·梅斯纳尔,乃至迄今唯一一位健在的"14+7+2"(登顶14座8000米以上山峰及七大洲最高峰,并以探险的方式徒步滑雪抵达南北两极极点)壮举完成者张梁,每个人的成就都是一座不朽的丰碑,都为全球登山运动留下了浓墨重彩的一笔。但是,若论最具传奇色彩,则非乔治·马洛里莫属,他那句广为人知的"因为山就在那里"的名言,不仅颇有禅意地回答了为什么登山,更开启了一场持续至今的,气势磅礴、跌宕起伏、精彩纷呈的人类向上探索的征途。

一百年后的某个午夜,冲顶青海玉珠峰前夕,我辗转难眠。掀开帐篷,仰望星空,冷风拂面,思绪万千,灵感也飘然而至,就叫它"征途"吧。

"征途三部曲"的第一部《奔赴山河》,上下卷分别取名"敢向山行""静水激流"——这当然与马洛里和欧文相关。早于两人挑战珠峰的数百年里,或受到荣誉的驱使,或出于探索的好奇心,或仅仅为了享受攀爬本身的乐趣,西方登山者的足迹已遍布欧洲、美洲和非洲几乎所有知名的山峰,从中世纪意大利文坛巨匠弗兰齐斯科·彼特拉克登上隶属于阿尔卑斯山脉的旺图山,到维多利亚时期的英国登山健将爱德华·惠默尔等攻克险峻陡峭、技术要求极高的马特洪峰,再到非洲最高峰乞力马扎罗山、南美最高峰阿空加瓜山、北美最高峰迪纳利山相继于19世纪末和20世纪初褪去面纱,一段宏大的"海拔挑战史"也隐然渐成。

马洛里和欧文长眠于珠峰的第 29 年，人类终于站到地球制高点。1964 年，希夏邦马峰上的五星红旗迎风飘扬，更标志着位于喜马拉雅山脉和喀喇昆仑山脉的 14 座 8000 米级山峰不再神秘。

基于大历史观，从政治意味浓厚的封禅祭祀，到心虔志诚的求法修行，再到抒发胸臆的休闲跋涉和钻山研岳的旅游探险，展现着华夏文明深厚底蕴与传承之道的登山活动其实在中华大地上已扎根超过两千年。尽管无奈错过了"阿尔卑斯黄金时代""喜马拉雅黄金时代"的几乎所有辉煌，但中国登山人迎头赶超的速度和实力着实惊羡了欧美同行。新中国成立以来，先是 1960 年三前辈打破魔咒实现北坡登顶，接着 1975 年九勇士创下男女混合问鼎"万山之尊"人数之最，继而 2008 年北京奥运圣火闪耀顶峰，及至 2020 年测定 8848.86 米全新高程，这一系列雄壮至美的中国版珠峰传奇，无一不是现代登山运动舞台上的璀璨明珠。

过去四十年，全球范围内迎来了一轮史无前例的攀登热潮，商业登山取代"为国登山"快速成长，夏尔巴人迅猛崛起，欧美人仍是高海拔山峰探险的主力军，印度和中国客户的增长量也不容忽视。登顶珠峰依旧无上荣耀，但"虚荣之山""名利之山""欲望之山"的批判声也不绝于耳。伴随这轮热潮的兴起与持续，国内民间登山的星星之火虽暂未呈燎原之势，不过以开先河的北大山鹰社（高校社团的旗帜）、筑根基的西藏登山学校（向导培养的摇篮）、创奇迹的深圳登协（城市组织的典范）等为代表的民间力量，正在展示出超乎想象的澎湃动能，共同见证并推动着登山运动在中国的蓬勃发展，携手书写并丰富着属于全人类的登山征途故事。

回到马洛里和欧文的时代，相比登山，赛艇运动的受众显然要庞大太多，堪称西方最为流行的项目之一。尤其有意思的是，虽然挑战珠峰时两人是彼此信任、并肩作战的最佳搭档，但到了水上，却转为斗勇斗智、各为其主的"隔空"对手：马洛里和欧文分别是剑桥大学、牛津大学赛艇队的风云人物，都曾代表所在学校出战一年一度的牛剑赛艇对抗赛，只不过因为入学时间不同，并未于泰晤士河上当面过招。

更甚于大不列颠两所顶级学府间的百年赛艇恩怨，哈佛耶鲁赛艇争霸赛可谓美利坚高等教育领域历史上最悠久的校际体育赛事，而且哈佛大学选择深红作为学校标志色也与1958年查尔斯河上进行的一场史诗级赛艇比赛和三号位桨手查尔斯·威廉·艾略特有着千丝万缕的联系。如众所知，后者正是那位执掌帅印40年，带领哈佛大学从偏安一隅的传统学府跃升为全美一流高校，并为日后晋级全球顶尖名校奠定坚实基础的伟大校长。与此同时，作为当之无愧的美国高校赛艇运动鼻祖，耶鲁大学赛艇队的实力自然超群绝伦，例证之一便是马洛里和欧文攀登珠峰的当年，耶鲁赛艇健儿恰好代表美国出战巴黎奥运会，且仅凭一校之力就横扫群敌，斩获男子八人单桨有舵手比赛金牌。

不同于橄榄球、冰球等项目，即使明星球员缺席也有可能获胜，赛艇运动尤其是八人单桨有舵手比赛的制胜前提是，在提桨、拉桨、按桨、推桨动作的不断重复中，十六只手臂和十六条腿拉伸弯起整齐划一、八支桨入水出水毫厘不差、八个身体前倾后仰同频同幅，如若任何一人的任何一个动作不够完美，都会对结果产生致命冲击。于行进在静水赛道中的赛艇战队而言，当每个人心无旁骛、所有人心心相通、艇桨人融为一体的时候，一场催人奋进、直击灵魂的运动交响乐就会奏起。1924年的耶鲁赛艇队如是，1936年的华盛顿大学赛艇队更如是——九位来自西部的贫困男孩一路过关斩将，时刻彼此信任，以坚不可摧的意志创造了体育史上合作逆袭、绝地重生的奇迹，以永不言败的精神点燃了整个世界微弱将灭的希望之火，让大萧条时代艰难度日的人们重新燃起直面苦难、笑对生活的勇气。

较之登山，这种征途，虽非向上超越，却同样青春热血，虽难俯瞰大地，却同样朝气万丈。如今，赛艇运动已不是欧美的独角戏，除了在奥运赛场上"升国旗、奏国歌"，我国以深潜、和鹭、清泉盛京等为代表的民间赛艇俱乐部不断开疆扩土，全民"亦可赛艇"正从路人宣传语变为身边大趋势。

"征途三部曲"的第二部《跑者无疆》，聚焦当下席卷全球的马拉松浪潮。平心而论，在疫情结束前，我自己和认识我的人，都没想到我这样一个资深宅男会迷上跑步，而且步履不停，东西南北中，跑完了若干马拉松。

为什么要跑步？因为跑步是最快速的治愈方式。跑起来，无论快与慢、长与短、独与众，曾经的痛楚、长期的苦闷、今朝的彷徨，都烟消云散于跑者的时空。它可以帮助我们穿过密布阴云，与自我和解；帮助我们冲破思想藩篱，与趋势共振；帮助我们跨越周期鸿沟，与时代同行。

为什么要跑步？因为跑步是最快乐的成长方式。这种快乐，不是简单满足欲望的多巴胺，而是先苦后甜的内啡肽。跑起来，让我们更认清现实，但不曾改变热辣滚烫的初心；跑起来，让我们更崇尚科学，但丝毫不减敢于冒险的担当；跑起来，让我们更敬畏规则，但始终葆有革故鼎新的勇气。

为什么要跑步？因为跑步是最惬意的生活方式。跑起来，年轻人会活力四射，勇于追梦，不再年纪不大就老成得令人惊诧；跑起来，中年人可壮志凌云，胸怀天下，不再刚过四十就油腻和思维固化；跑起来，老年人能举重若轻，笑看风云，不再遗憾世界那么大却还没有出发。

至于马拉松，作为一种长距离跑步形式，即便挑战重重、完赛不易，也大可不必谈之色变，定要视其为洪水猛兽。因为英雄传令兵斐迪皮德斯从马拉松一路飞奔约25英里（40公里）将胜利的喜讯放声传递给雅典民众后力竭身亡的故事，虽在一定程度上源于史实，却不乏自设情节，加之被断章取义，所以长期以来令马拉松运动充满争议。当我们仔细翻看"历史之父"希罗多德撰写的巨著《历史》和后世的严谨文献，便不难发现，在马拉松战役中，斐迪皮德斯的实际奔跑距离（往返雅典和斯巴达）超过惊人的300英里（482公里），远非现代全程马拉松的42.195公里可比，且关于斐迪皮德斯因跑步而亡的信息更是无迹可寻。

谜底揭开，我就放心地跑起来，从最初的 3 公里、5 公里到 7 公里、10 公里，然后 15 公里、半程马拉松，再到 30 公里、35 公里和全程马拉松。

放眼世界，波士顿马拉松、伦敦马拉松、柏林马拉松、芝加哥马拉松、纽约马拉松、东京马拉松和悉尼马拉松七大满贯赛事无疑让全球马拉松人心之向往，梅多克红酒马拉松、撒哈拉沙漠马拉松、名古屋女子马拉松等同样引万千跑者竞折腰。

近观国内，无可替代的北京马拉松、此生必跑的无锡马拉松、永不止步的厦门马拉松和魅力四射的上海马拉松、广州马拉松、武汉马拉松、重庆马拉松、杭州马拉松、兰州马拉松、西安马拉松、南京马拉松、衡水湖马拉松……不过十年时间，数以百万计大众跑者的激情竞逐已让马拉松赛事遍地开花，马拉松运动火爆全国。

一场史无前例、超乎想象、纵横无疆的马拉松征途正燃起。

"征途三部曲"的最后一部《逆风前行》，解锁自行车二百余年的跌宕起伏路和车轮上的经典赛事、大国大城与风云人物。历经德莱斯双轮木马、米肖自行车和便士法新三个艰难探索阶段,第一款真正意义上的现代自行车——罗孚牌"安全型"自行车终于在1885年问世,并凭借约翰·博伊德·邓禄普和米其林兄弟(爱德华·米其林与安德烈·米其林)发明的充气轮胎加持,迅速走向世界各地。首位诺贝尔奖女性得主,也是全球第一位两获诺奖的科学家玛丽·居里可谓现代自行车的早期拥趸,1895年,她和丈夫皮埃尔·居里就是以骑自行车旅行的方式庆祝新婚,甚至怀孕8个月时,依然在骑行。

晚于居里夫人32年出生的"文坛硬汉",有着"美利坚民族的精神丰碑"之称的欧内斯特·米勒尔·海明威在巴黎"法漂"期间,同样疯狂地爱上了自行车,不仅习惯穿着如环法自行车赛运动员一样的条纹上装,把头埋在车把中间,两膝齐耳地用劲骑行,还时常靠打拳赚取的微薄收入走进自行车赛场,一连看上几天的比赛,甚至吃住不离看台。他曾这样描述第一部长篇小说《太阳照常升起》的创作历程:开始时非常困难,就像骑自行车上坡一样,写了一本又一本笔记,临近结尾时,终于找到冲刺的感觉。

挨过20世纪中叶前后约60年的低迷期,"穷人座驾"率先在欧美翻身为"潮流之选"。荷兰与丹麦晋升为全球公认的自行车王国,意大利的"一王四后"历久弥新,山地车和小轮车风靡北美，三大环赛与五大古典赛渐受国人关注，骑行遂成比肩马拉松的炫酷中国风。

骑行的魅力到底何在？

骑行让我们学会保持乐观。乐观不是高光时气吞山河，而是低谷时持续拼搏；不是顺境时意气风发，而是逆境时不被击垮；不是成功时激扬天下，而是失败时斗志倍加。坚持骑行，让我们从悲观主义变成乐观主义，从短期主义驶向长期主义，从知难而退转为知难而进。悲观者不错，因为短期来看，骑行是痛苦的，一次骑行也改变不了什么；乐观者正确，因为长期来看，骑行是值得的，一直骑行定会迎来人生的转机。

骑行让我们依旧胸怀理想。物质越丰富，理想越稀缺。"没有理想的人不伤心"，因为在物欲横流、阶层固化的水泥森林里，放弃奋斗、选择躺平简单又轻松；有理想的人不怕伤心，因为内省独立从来不易，改变世界历来艰难。没有理想的人心甘情愿，因为请"有用的朋友"吃顿饭、陪"有权的领导"打场牌的利益预期可以量化；有理想的人内心丰盈，因为找有趣的朋友撸个串、与有才的兄弟喝杯茶的精神收益足够厚重。在老气横秋的世界里，选择骑行就是致青春；在世俗利益的格局中，坚持骑行便是克心魔。

　　骑行让我们归来仍是少年。少年智则国智，少年富则国富，少年强则国强，少年独立则国独立，少年自由则国自由，少年进步则国进步。近代中国思想文化的旗手和执牛耳者梁启超124年前的《少年中国说》，放至今日仍振聋发聩。踏上脚蹬，风驰电掣，老夫聊发少年狂。骑行人都有少年心气，那就是乐于尝试、敢于创新、永不服输，而非屈服于起点不公，甘心做个无趣、不争的平庸者。骑行让我们不至于被粗粝的现实打磨掉难能可贵的少年心气，让我们归来仍是少年。

　　骑行的征途，逆风而进，自闪光辉。

　　"征途"，诞生于2024年8月的一个凌晨；征途，开始于你我决定开始的那一刻。

一、马拉松的前世今生

在人类挑战极限、逐梦前行的壮美篇章中,马拉松以其深邃的历史底蕴和卓越的竞技风采,成为一项跨越时空、连接古今的体育盛事,无可复制。细细品味马拉松运动的前世今生,从古希腊英雄传令兵的震撼开局,到现代奥林匹克赛场上的独特地位;从城市马拉松赛事在全球范围内的开枝散叶,到女子马拉松先驱打破性别偏见的不屈不挠——这一段段精彩纷呈、扣人心弦的历史,不仅见证了马拉松自起源至繁荣的辉煌历程,更展现了每一步前行足迹中蕴含的激情与梦想。

(一)马拉松平原诞生的长跑运动

早在两千五百年前,雅典城邦东北处,就有一片面海背山的神圣土地,名为马拉松平原。彼时平原上一场决定命运的战役与一位英勇可歌的信使共同成就了一段荡气回肠的传奇佳话，它不仅见证了希腊联军绝地重生的智慧与坚不可摧的意志，更为后世留下了一项光耀百年、风靡全球的体育运动。

1. 英雄传令兵的传说

对众多跑者来说，现代马拉松起源的故事都不陌生：在敌众我寡的希腊人设法击退入侵马拉松平原的波斯部队后，信使斐迪皮德斯（Pheidippides）领命传递胜利的消息。当他一刻不停地从战场奔跑约 25 英里（40 公里）到达雅典卫城，豪迈地向焦急等待战况的希腊人宣布"胜利"后，终因过度疲劳而倒地不起。跨越 3 个世纪，如今热度丝毫不减的马拉松正是向古典时代的这位英雄传令兵的致敬，关于这项运动的负面声音也同样由此发端。不过，若追本溯源、抽丝剥茧地探寻关于斐迪皮德斯的传说，就不难发现，真相并非如此。

该传说最早的记载出自"历史之父"希罗多德（Herodotus）的《历史》（*The Histories*）中有关希波战争马拉松战役的描述。公元前 490 年，得知波斯大军即将从马拉松登陆攻城后，人数处于劣势的雅典人派出了一位信使赶往斯巴达求援——这是斐迪皮德斯首次在历史上留下"印记"。

使命在身的斐迪皮德斯日夜兼程，于第二天晚些时候就抵达了距离雅典约153英里（246公里）的斯巴达，将希望对方出兵增援的请求呈报给当地首领。不巧的是，其时正逢斯巴达人的宗教节庆，在月圆之日前，他们的军队不能离开国境，这对于敌军已兵临城下的雅典人而言，显然是来不及的。为了使等待增援的同胞知道斯巴达出兵延期的消息，斐迪皮德斯又踏上了回程路。书中此后则讲述了雅典人如何在马拉松平原以少胜多击败波斯人，但并未再次出现这位传令兵的"身影"，更没有他从马拉松跑回雅典大喊"我们胜利了"后倒地身亡的"情节"。

数百年后，希腊传记作家普鲁塔克（Plutarch）于《论雅典的荣耀》（"On the Glory of Athens"）一文中再次提到这则故事。一位传令兵从马拉松跑到雅典，带回马拉松战役获胜的消息不久，便因体力不支而殒命。但传令兵的名字并非此前《历史》中的斐迪皮德斯，而是欧克勒斯（Eucles）。约一个世纪后，希腊讽刺作家卢西安（Lucian）在《论问候中的错误》（"A Slip of the Tongue in Greeting"）中又将斐迪皮德斯的名字写入从马拉松跑回雅典的故事中，由此使得传令兵的信息变得更加模糊不清。

现实中，真正让马拉松传令兵的故事为更多人所熟悉的，则是英国著名诗人罗伯特·勃朗宁（Robert Browning）在 1879 年所创作的诗歌《斐迪皮德斯》（"Pheidippides"）。这首诗歌的情节，更像是对历史上所出现过的传令兵传说的"大融合"：斐迪皮德斯先是从雅典到斯巴达求援并返回雅典报告消息，跑完了共约 300 英里（482 公里）的路程，继而又把战争胜利的喜讯从马拉松带至雅典，当马不停蹄地奔跑 25 英里（40 公里）到达卫城放声高喊"欢呼吧，我们胜利了！"后，力竭身亡。如众所知，因创作风格需要而对历史事件夸大其词的诗歌，其内容的真实性不言自明。更为关键的是，从传令兵 500 公里级的跑量来看，现代马拉松绝难与之相提并论，若以此推及马拉松运动危害健康甚至致命自然不具说服力。但无论如何，正是这首诗歌给了后人灵感来源，助推了现代马拉松运动的诞生。

专栏 1 约翰·博伊德·福登的亲身复刻与斯巴达超级马拉松的问世

出生于 1926 年的约翰·博伊德·福登（John Boyd Foden）曾服役于英国皇家空军。长期的军队生活赋予了他强健的体魄，也让其痴迷上跑步，并在多个超长马拉松比赛中收获好成绩。当偶然读到希罗多德《历史》中斐迪皮德斯的故事时，福登不禁产生疑问：雅典到斯巴达超过240公里的距离，人类真的可以跑下来吗？为此，他决定亲身复刻这段传说中的路线，以证真伪。

经过周密的行前准备和路线设计，1982年10月8日清晨，福登与4位英国皇家空军同事从位于雅典赫菲斯托斯神庙下方的一处古集市出发，目标是在36个小时内抵达斯巴达的列奥尼达雕像处。尽管因经验不足而几次在黑夜中迷路，甚至出现了被野狗追赶的滑稽场面，但第二天，5人组里还是有3人完成了挑战。其中，约翰·麦卡锡（John McCarthy）用了39小时，56岁的福登作为发起者跑了37小时37分，而27岁的约翰·舒尔滕斯（John Scholtens）则比预期时间足足提前了一个半小时到达列奥尼达雕像前。在完成这一历史性复刻的壮举后——人类真的可以用双腿在两天内丈量240公里——福登突发灵感地告诉终点的人们："你们需要把我们跑过的路线变成一场比赛。"令他没想到的是，自己的这一想法竟然在第二年就变成了现实。

有了福登的倡议和雅典商人迈克尔·格拉汉姆·卡拉汉（Michael Graham Callaghan）的赞助，从雅典到斯巴达共计246公里（153英里）的斯巴达超级马拉松（Spartathlon）于1983年正式问世。考虑到36小时的关门时间比号称"世界上最难越野赛"的恶水超级马拉松短了12小时，总距离却多出近30公里，还要翻越海拔约1200米的帕提尼翁山（Mount Parthenion），斯巴达超级马拉松的难度之大可想而知。参加过10次比赛的跑者鲁恩·拉尔森（Rune Larsson）曾在《如何完赛斯巴达超级马拉松》（"How to run Spartathlon"）的指南里写道，如果你无法在10小时内跑完100公里，那么挑战成功的可能性就微乎其微。

如今，斯巴达超级马拉松已发展成为全球最负盛名的路跑赛事之一，众多长跑爱好者和专业运动员不远千里来到雅典参与挑战，正是被其独特魅力及所蕴含的体育精神所吸引和折服。

....

2. 略显武断的42.195公里

19世纪中后期，随着奥林匹亚主要建筑的重见天日和古希腊文化研究潮流的再度兴起，尤其是加上皮埃尔·德·顾拜旦（Pierre De Coubertin）的不懈努力，沉寂了约一千五百年的奥运会终于呈现复苏之相。1892年，顾拜旦发表题为《复兴奥林匹克》的演讲，第一次正式提出创办现代奥林匹克运动会的理念，并在两年后促成了国际奥林匹克委员会的建立，同时明确于1896年在希腊雅典举办首届现代奥运会，而马拉松恰隶属于十个创始项目之一的田径大项。

回顾马拉松的入奥路，顾拜旦的好友、历史学家米歇尔·布雷亚（Michel Breal）功不可没。因为被勃朗宁的《斐迪皮德斯》中传令兵的英雄事迹深深打动，他反复游说顾拜旦，建议在首届奥运会中设置马拉松比赛，并将距离定为马拉松到雅典的约25英里（40公里），以此向斐迪皮德斯致敬。

顾拜旦欣然接受了好友的建议，只不过，从1896年起的前三届奥运会马拉松比赛的距离因各种原因并未被精准测量，仅仅是围绕40公里上下，日后42.195公里的标准长度直到1908年伦敦奥运会才首次出现。当年，英国奥委会与国际奥委会商定的最初路线是以象征王室权威的温莎城堡（Windsor Castle）为起点，至伦敦白城体育场（White City Stadium）的皇家包厢为终点，仍是约25英里。但随着比赛日益临近，组织者发现不得不对路线进行调整，由此使得实际距离较原计划有了不小的出入。

一方面，为避免运动员起跑受到观众影响，同时使王室成员出席起跑仪式更加方便，组织者将起跑线从温莎城堡外移至城堡内的露台下。另一方面，由于距离终点白城体育场皇家包厢更近的"皇家入口"（The Royal Entrance）被用于贵宾马车通行，选手们进入白城体育场的入口只能转到皇家包厢对面。这两个调整导致从起点到体育场入口的距离延长至 26 英里。在此基础上，为了使体育场内约三分之二跑道沿线的观众可以更近距离地欣赏冲刺场景，组织者又将运动员入场后绕跑道前行的方向改为顺时针，从而使场内的"冲刺距离"定格为 385 码。综合一系列操作，1908 年伦敦奥运会马拉松的最终距离就变成了 26 英里 385 码，即 42.195 公里。

1908 年伦敦奥运会结束后的十余年里，国际奥委会和国际田径联合会（International Association of Athletics Federations，IAAF；因 2019 年更名为 World Athletics，WATH，为便于表述，后文均称"世界田联"）对于马拉松距离的讨论从未停止，其间进行的马拉松赛也没有形成统一的长度标准。直到 1921 年，世界田联一锤定音，按照 1908 年伦敦奥运会的"版本"设定奥运会马拉松的距离——42.195公里。尽管《奥林匹克运动会大全》（*The Complete Book of the Olympics*)一书的作者戴维·瓦莱钦斯基(David Wallechinsky)认为1908年比赛长度的确定"完全是随意的"(completely arbitrary),世界田联也没有明确解释为何采用这个长度——外界普遍推测,主要是与前三届奥运会的混乱无序相比,伦敦奥运会马拉松赛的精彩引起了公众对这项运动的兴趣与热情——但这一决定还是终结了马拉松距离上的纷争,并让42.195公里的官方长度成为全球马拉松赛事沿用至今的标准,见证了无数跑者的汗水与荣耀。

3. 奥运会的最后一个项目

2024年8月11日,巴黎奥运会收官当天的女子马拉松比赛中,荷兰长跑名将西凡·哈桑(Sifan Hassan)与当时的世界纪录保持者埃塞俄比亚选手蒂格斯特·阿塞法(Tigst Assefa)上演了精彩的冲刺对决好戏,最终前者以2小时22分55秒的成绩率先通过终点线,并成功刷新奥运会女子马拉松纪录。作为奥运会的"灵魂"之一,马拉松项目被安排在赛事尾声进行是不成文的规定。其中,女子马拉松通常在闭幕式前一天进行,而男子马拉松则于闭幕式当天举办。与此同时,闭幕式上进行男子马拉松项目的颁奖仪式也是奥运会的传统。此次巴黎奥运会不仅打破女子马拉松入奥以来女先男后的比赛顺序，首次将女子项目安排在最后一个比赛日，还把颁奖环节放到闭幕式上。如此设计，既与开幕式上从塞纳河升起的女性雕像遥相呼应，进一步强调了女性在奥林匹克发展长河中的重要地位，也再次宣告了马拉松在奥运会项目中不可动摇的"定海神针"地位。

专栏 2 总跑程 62.195 公里的奥运会马拉松冠军

2024 年巴黎奥运会女子马拉松比赛的最后阶段，荷兰选手西凡·哈桑与当时的世界纪录保持者埃塞俄比亚运动员蒂格斯特·阿塞法展开了激烈的金牌争夺。终点前的 200 米，冲刺对决达到高潮，哈桑从阿塞法身后发动超越，尽管阿塞法试图卡位阻挡导致两人发生肢体碰撞，但哈桑还是凭借超强冲刺能力完成反超，以刷新奥运会女子马拉松纪录的成绩绝杀夺金。

哈桑精彩的冲刺表现，很难让人想象这已是本届奥运会上她的第四枪比赛：女子马拉松开始前的 10 天里，哈桑在法兰西体育场先后参加了 5000 米预、决赛和 10000 米决赛，加上马拉松，总跑程达到62.195公里。其中，万米决赛结束距马拉松开跑甚至不到35小时。更不可思议的是，她在5000米、10000米项目中均收获了铜牌。其实，这并非哈桑首次于奥运赛场展现自己的兼项能力。2020年东京奥运会，她就曾参加1500米、5000米和10000米3个项目，拿下两金一铜，成为继荷兰前辈范妮·布兰克尔斯-科恩（Fanny Blankers-Koen）后，第二位在单届奥运会上拿下3枚个人田径奖牌的女选手。2届奥运会，纵横4个项目，斩获6枚奖牌，哈桑完全配得上"史上最全能中长跑选手"的称号。

哈桑的传奇之处还不止于此。事实上，来到巴黎之前，这位荷兰运动员仅参加过3场正式的马拉松赛。2023年伦敦马拉松，处于斋月的哈桑中途两次停下拉伸后奋起直追，上演个人首马即折桂的好戏。6个月后的2023年芝加哥马拉松，哈桑又以2小时13分44秒的彼时女子马拉松历史第二好成绩，再夺大满贯冠军。虽然在2024年东京马拉松遭遇职业生涯首败，但随着奥运金牌的到来，手握四战三胜辉煌战绩的哈桑，已尽显新一代女王风范。

说起马拉松，我们脑海中会不自觉地闪现出肯尼亚、埃塞俄比亚这两个非洲国家的名字及其长跑选手在赛场上所展现的"速度与激情"。的确，由于黑人运动员的下肢，特别是小腿，比其他人种更长，便于获得更大的肢端线速度，加之所处的高海拔环境使他们每天都能够进行"高原训练"，因此在径赛类项目中，表现往往非常夺目。不过，回顾历届奥运会马拉松金牌榜，却并非如我们惯性认知的那样，冠军由这两个东非国家大包大揽。相反，无论男子还是女子马拉松的金牌分布，都呈多个国家分庭抗礼的格局。

男子马拉松方面，埃塞俄比亚凭借1960年罗马奥运会、1964年东京奥运会、1968年墨西哥城奥运会的三连冠以及2000年悉尼奥运会、2024年巴黎奥运会的两次折桂，在金牌榜上相对领先。美国、肯尼亚、法国以3枚金牌的数量紧随其后，其中美国和法国的夺金时间均在20世纪，且年份跨度较大（美国于1904、1908、1972年奥运会问鼎，法国于1900、1928、1956年奥运会摘金）。东非马拉松强国肯尼亚直到2008年北京奥运会才首次斩获男子马拉松金牌，后又由埃鲁德·基普乔格（Eliud Kipchoge）于2016年里约奥运会、2020年东京奥运会完成两连冠。从区域分布来看，

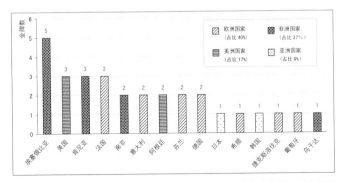

注：本书图表数据均来自国际奥委会官网、世界田径联合会官网、波士顿马拉松官网、柏林马拉松官网、伦敦马拉松官网、芝加哥马拉松官网、纽约马拉松官网、东京马拉松官网和维基百科网站。

图 1　奥运会男子马拉松项目金牌榜及区域分布

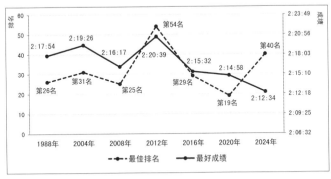

注1：新中国成立前，中国选手王正林曾以 3 小时 25 分 36 秒的成绩于 1936 年柏林奥运会完赛，排名第 40。
注2：不含我国香港和台湾的数据。

图 2　历届奥运会我国男子马拉松运动员参赛最佳排名及最好成绩

男子马拉松项目至今产生的30枚奥运金牌中约四分之三归属于欧洲和非洲国家（分别占比40%、37%），美国、阿根廷两个美洲国家共拿到5枚金牌（占比17%），亚洲地区仅有日本和韩国分别于1936年和1992年各获1枚金牌（占比6%）。

我国在奥运会男子马拉松项目上取得的最佳排名是2020年东京奥运会的第19名，且历届奥运会的表现并不稳定。例如，尽管吴向东以2小时12分34秒的成绩在2024年创造了中国运动员的奥运历史最快纪录，但排名仅列第40位。

与历史悠久的男子项目不同，女子马拉松直到1984年才首次亮相奥林匹克赛场。早期的竞争中，并未出现具有绝对统治力的国家，前3枚奥运金牌分别由美国、葡萄牙、独立国家联合体摘得。从1996年起的8届奥运会中，肯尼亚、日本、埃塞俄比亚3个国家共获得了6枚金牌，隐隐有三足鼎立之势。我国女子马拉松运动员累计9次踏上奥运赛道，并多次跻身前十甚至前五行列。2008年北京奥运会中，周春秀创造历史，斩获第三名，拿到我国迄今唯一一枚马拉松奥运奖牌。

从历届奥运会马拉松夺冠成绩来看，男子方面主要经历了三个发展阶段。首先是1896—1920年的波动期，该

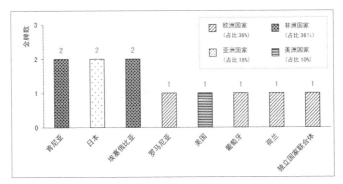

图 3 奥运会女子马拉松项目金牌榜及区域分布

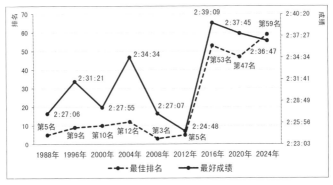

注：不含我国香港和台湾的数据。

图 4 历届奥运会我国女子马拉松运动员参赛最佳排名及最好成绩

阶段成绩相对偏差，且波动较大，主要原因在于早期奥运会马拉松项目的赛道距离设置并不规范，且运动员训练条件有限。其次是1924—1972年的上升期，该阶段夺冠成绩虽也有起伏，但整体呈现稳步上升趋势，用时从 2 小时 40 分左右逐渐逼近 2 小时 10 分。1976 年以来可称为稳定期，在近五十年的共 13 届奥运会中，夺冠成绩始终围绕于 2 小时 10 分关口。其中，埃塞俄比亚选手塔米拉特·托拉（Tamirat Tola）在 2024 年巴黎奥运会全程爬坡总高度 438 米的"魔鬼赛道"上，以 2 小时 06 分 26 秒的成绩打破了尘封 16 年的奥运会纪录，也充分体现了近几年世界马拉松整体水平的提升。女子马拉松自 1984 年入奥以来，各届夺冠成绩均集中在 2 小时 22 分至 2 小时 33 分范围内，整体成绩水平相对稳定。

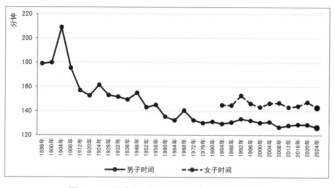

图 5　历届奥运会男女子马拉松夺冠成绩

专栏3 史上首次面向大众的奥运马拉松

有朝一日踏上代表着竞技体育最高舞台的奥运赛场，几乎是所有运动员的心之所愿。至于大众体育爱好者，遥想更多的则是如何抢上一张奥运门票，亲临现场观看比赛，毕竟相对全球数以亿计的热情观众而言，历届门票也不过百万张量级。然而，以"奥运更开放"为口号的2024年巴黎奥运会却进行了前所未有的尝试，不仅将开幕式从传统的体育场搬上塞纳河，还给予了普罗大众登上奥运赛场参加比拼的历史性机会——巴黎奥运会设置了面向公众的全民马拉松（Marathon Pour Tous），即在男子马拉松比赛结束的当晚，来自全世界的40048名大众跑者能够踏上与埃鲁德·基普乔格、凯内尼萨·贝克勒（Kenenisa Bekele）、塔米拉特·托拉等顶尖选手相同的赛道参与到奥运盛会中，这是现代奥林匹克运动会近一百三十年历程中从未有过的创新。

根据巴黎奥组委2020年发布的指南，申报者需首先进入"巴黎2024俱乐部"（Club Paris 2024）网站注册会员，并将自己的运动软件与网站绑定。接下来，只要在2023年

12月31日23点59分前,通过游泳、跑步、骑行等运动累积超过十万积分,就有资格参与抽签。40048个参赛名额里,全马和10公里跑各占一半。其中,全马路线的设计灵感源自拉开法国大革命序幕的"十月事件",以塞纳河边的巴黎市政厅为起点,途经巴黎歌剧院、卢浮宫、凡尔赛宫、埃菲尔铁塔等地标建筑,终点设在荣军院广场。巴黎奥组委希望通过这样的赛道路线来致敬历史。10公里跑的起终点与全马相同,也会经过巴黎市中心的部分标志性景点和纪念碑,并有一系列特别活动。

最终,超过120位中国幸运儿拿到了全民马拉松名额,除常年活跃于国内马拉松赛场的黄雪梅、殷晓雨等实力跑者,还不乏冬奥冠军谷爱凌、传奇电竞选手简自豪、央视名嘴于嘉等圈外风云人物,而他们也大都在巴黎奥运会赛场上实现了自我突破。例如,此前并未有过全马参赛经历的谷爱凌、简自豪均成功完赛,谷爱凌的成绩更是达到出色的3小时24分36秒。于嘉则在解说完奥运会男子马拉松比赛当晚踏上赛道,并实现了个人全马首次"破3"(3小时内跑完全程马拉松)的壮举。

当然,要说最振奋人心的消息,无疑是中国姑娘黄雪梅以2小时41分03秒的成绩成为第一位冲过终点的女选手。尽管全民马拉松旨在鼓励大众参与,让更多人有机会感受奥运氛围、体验马拉松线路,所以并不设置奖牌,但这个如假包换的冠军显然为中国马拉松运动增添了夺目光彩。作为厦门国际银行的程序员,黄雪梅平日忙于敲代码、补 bug。工作之余,她把大量时间投入到跑步中,近年来的成绩飞速上升:2017 年厦马还进不了 4 小时 30 分,2023 年北马就已提升至 2 小时 32 分 16 秒,并获得国内女子第三名。回顾巴黎之行,黄雪梅表示最大的收获就是近距离感受了奥运精神,同时她也希望自己的经历能给更多热爱运动的朋友们带来一些启发:只要有梦想和毅力,普通人一样可以创造奇迹。

(二)城市马拉松的兴起与发展

伴随奥林匹克赛道上那些令人热血沸腾的瞬间不断上演,马拉松也从一项独具古韵的奥运传统逐渐融入现代社会,奔向中央大街,牵手繁华商圈,纵览地标建筑,感受硬核科技,体悟人文气息,尽享时尚浪漫。作为世界各地一年一度的城市盛会,马拉松既是全民参与健康生活的精彩例证,更是体育精神和自信力量的彰显诠释。

1. 爱国者日开跑的马拉松赛

波士顿马拉松是世界上最古老、最负盛名的马拉松赛事之一,其悠久而迷人的历史可以追溯到一个多世纪前。1896年,时任波士顿体育协会成员兼首任美国奥运田径代表队教练的约翰·格雷厄姆(John Graham)亲历雅典奥运会马拉松比赛后,就被这项运动所展现出的拼搏精神深深触动,当即便在心中埋下了一颗举办马拉松赛的种子。

次年初,得到商人赫伯特·H.霍尔顿(Herbert H. Holton)协助的格雷厄姆与波士顿体育协会的同事一起高效开启了波士顿马拉松的筹划和组织工作。1897年4月19日,15位勇者从第1届波马的起跑线集结出发,伴随着火车的轰鸣声、马匹的嘶鸣声和沿途观众的欢呼声,穿越市集、跨过小镇、跑入城区,最终,来自纽约的约翰·J.麦克德莫特(John J. McDermott)以2小时55分10秒的成绩拔得头筹,另有9名选手顺利完赛,将自己的名字永久地留在了波士顿马拉松历史簿的最前页。

波士顿马拉松的发起者选择4月19日办赛可谓用心良苦,因为美国独立战争的序幕——莱克星顿的枪声——就是于 1775 年 4 月 19 日打响，而莱克星顿又隶属于大波士顿地区，由此，对波士顿马拉松而言，的确没有比爱国者日更有意义、更能引发共鸣、更具震撼力的比赛日选项。事实上，每年 4 月 19 日举行波士顿马拉松的传统共保持了 72 届，《跑者世界》（Runner's World）日后的知名编辑安比·伯富特（Amby Burfoot）在 1968 年 4 月 19 日（星期五）跑出了 2 小时 22 分 17 秒的成绩，成为最后一个"非周一冠军"。1969 年，当爱国者日被重新设定为 4 月的第三个星期一时，波士顿马拉松也将年度举办时间相应进行了调整。回望波士顿马拉松的发展历程，从遵循世界田联 26 英里 385 码的官方距离，将赛道起点由阿什兰（Ashland）向西迁移至霍普金顿（Hopkinton），到上述萧规曹随，让开赛日适应爱国者日的调整，再至后文即将提到的"Boston Qualification"的启用和向女性敞开赛道，等等，与时俱进一直是它的标志性基因。当然，变化的同时，百年未曾改变之处同样可圈可点，例如担任"发令员"一职的乔治·布朗家族。平心而论，近 130 岁高龄的波士顿马拉松之所以能够历久弥新、朝气万丈，正是在变与不变之间取得了完美平衡，既顺应了潮流，又从未随波逐流。

专栏 4　The Starter

霍普金顿小镇的波士顿马拉松起跑线附近矗立着一座头顶礼帽、身穿风衣、打着领带、高举手枪的"发令员"雕像，名为"The Starter"。雕像的原型人物就是波士顿马拉松传奇发令员乔治·文森特·布朗（George Vincent Brown）。1905—1937年，布朗连续33年担任波士顿马拉松的发令员，并在1924年将起跑线迁至霍普金顿时发挥了重要作用，无可争议地成为早期波士顿马拉松的代名词之一，被誉为霍普金顿"第一体育公民"。布朗一生都致力于推广各类体育运动和培育相关体育赛事，服务波士顿体育协会、美国奥林匹克委员会、美国奥运代表队三十余年，除了马拉松外，在冰球和田径方面贡献尤大，还设计并组织了拳击、足球、赛艇、花样滑冰等多个项目的若干经典赛事。1937年，乔治·布朗去世后，家族成员继承他的衣钵，不仅积极投身体育领域，更雷打不动（除1990年）地在一年一度的波士顿马拉松上扣下发令枪的扳机至今。

2. 马拉松性别偏见的斗争

如果仅从 2024 年巴黎奥运会男女运动员数量恰好各占 50% 的现实结果看，很难想象早期阶段女子项目入奥的艰辛程度，更遑论女子马拉松走进奥运赛场的"马拉松之旅"。

自 1896 年雅典奥运会至 1924 年巴黎奥运会，女性运动员的占比几乎可以忽略不计，与此同时，包括田径在内的众多项目始终都是男子运动员的专属。1928 年，于荷兰首都阿姆斯特丹举行的第 9 届奥运会终于向女性打开了田径之门，只不过 800 米已是彼时的距离之王。在那场"长距离"决赛的比拼中，德国选手莉娜·拉德克（Lina Radke）以打破世界纪录的成绩夺得金牌，但社会关注的焦点却很快转向一位冲过终点后意外摔倒的选手，后者的表现被部分国际媒体莫名其妙地解读为体力透支，进而冠以各种吸引眼球的夸张标题，充斥于大大小小的纸媒版面。于是，关于女性是否适合中长跑项目的话题迅速引发争论，取消所有女子比赛的观点甚至一度在国际奥委会内部占据上风。如此激进的建议当然没有被采纳，但直至 1960 年罗马奥运会重启女子 800 米项目前，奥运会女子径赛个人项目的距离上限的的确确再未超过 200 米。

尽管入奥之路困难重重，但依然有不少勇敢的女性一直在为获取平等的机会而不懈努力。她们想尽一切办法，冲破一切阻挠，以身示范，向世人证明马拉松对女子运动员来说绝非触不可及。

1896年3月，来雅典找工作的斯塔玛蒂丝·罗维蒂（Stamatis Rovithi）偶然得知奥运会马拉松赛的信息，也许是出于纯粹的好奇，也许是受捍卫女性权利这一观念的驱使，又也许仅仅是为找到一份好工作积累点名气，罗维蒂决定在开幕日前率先跑一遍从马拉松到雅典的官方路线，而正是这个行动让她成为第一位完成奥运标准马拉松的女性。次月的马拉松比赛日，曾报名遭拒的梅尔波美尼（Melpomene）悄悄来到马拉松起跑线不远处默默热身，伴随发令枪响，她便沿着与跑道大致平行的路线和各国运动员们一同出发，并陆续超过了几名后劲不足的男选手，最终在冠军斯皮里东·路易斯（Spiridon Louis）通过终点线约一个半小时后到达帕纳辛奈科体育场（The Panathinaiko Stadium），接着以沿体育场外围绕行一周的方式结束了全程。虽然梅尔波美尼的完赛成绩至今仍不被认定，甚至关于她的真实身份也是众说纷纭——梅尔波美尼其实是斯塔玛蒂丝·罗维蒂化名的说法就流传很广——但女性在现代奥林匹克运动会诞生之际就可以应对马拉松的挑战也由此成为不争的事实，尽管她们还要等待将近一个世纪才能获得正式的参赛资格。

不只在欧洲，大西洋彼岸的美国女性马拉松先驱们同样在为性别平等的到来而持续抗争。1966年爱国者日，罗伯塔·吉布（Roberta Gibb）着一身男装躲在波士顿马拉松起点处的灌木丛中，待近半数参赛者经过后，偷偷溜进场地加入了比赛，并以3小时21分40秒的成绩跑完全程——领先三分之二的男性选手。吉布通过终点后，媒体蜂拥而至，急切地想拍下这位刚刚创造历史的女性跑者的照片，马萨诸塞州州长也特地前来向她表示了慰问。次年，雪城大学新闻专业的本科生凯瑟琳·斯威策（Kathrine Switzer）以非女性化的"KV Switzer"身份注册缴费，成功"骗过"组委会，名正言顺地成为1967年波士顿马拉松的第261号选手，也是史上第一位获得官方参赛号码的波马女性跑者。就这样，1967年4月19日中午，留着长发、涂着口红、画着眼线的斯威策与一群或血气方刚、或老当益壮的男性运动员从霍普金顿一同起跑，沿途尽享热情的欢呼和温暖的鼓励——参赛者与观众们虽然都很惊讶，但普遍非常友善。不过，当赛事总监乔克·森普尔（Jock Semple）识别了斯威策的女性身份后,感到遭受戏弄的森普尔立刻对她进行了强行驱逐,好在有朋友的保护,斯威策才得以挣脱并跑完了全程。

女性跑者的接连完赛,使部分美国业余体育联合会（Amateur Athletic Union）代表的态度逐渐发生转变,加之斯威策等人的不断努力,纽约马拉松和波士顿马拉松相继于1970、1972年正式允许女性报名参加。不过,奥运会的组织者似乎还没有认真考虑设置女子马拉松项目。当然,冠冕堂皇的理由已经从长跑会损害女性健康等"仁慈的性别歧视"变为女子马拉松的受欢迎程度还不够高——根据早期的《奥林匹克宪章》,一项女子运动必须在两个及以上大洲的至少25个国家广泛开展,才有机会进入奥运大家庭。为此,斯威策与化妆品巨头雅芳合作推出了雅芳国际马拉松。1978年,首届赛事吸引了来自9个国家的女性选手参与。1979年的第2届雅芳国际马拉松则覆盖了25个国家的逾200位女性跑者。受此鼓舞,同年,世界田联正式批准的第一个女子马拉松赛——东京国际女子马拉松（Tokyo International Women's Marathon）鸣枪开跑,时任主席阿德里安·保伦（Adriaan Paulen）随之明确表态,将全力支持女子马拉松入奥。1980年,在英国伦敦举行的第3届雅芳国际马拉松迎来了来自五大洲27个国家的女性长跑爱好者,女子马拉松受欢迎程度不高的论调就此销声匿迹。

1981年2月,国际奥委会执行委员会就女子马拉松入奥议题召开会议。得到消息的斯威策于第一时间赶到会议酒店,走进会议大厅,来到手握"生杀大权"的参会代表面前,掷地有声地把过去数十年来女子马拉松运动的进展与成就有理有据地一一陈述。7个月后,国际奥委会第84次全会正式通过了将女子马拉松纳入奥运会的提议,超过五分之四个世纪的马拉松性别偏见"斗争"终于取得全面胜利!

1984年洛杉矶奥运会,来自全球28个国家和地区的50名女子马拉松运动员英姿飒爽地踏上奥林匹克赛道,共同书写了马拉松运动的崭新篇章。在那场具有里程碑意义的比赛中,美国选手琼·本诺伊特·萨缪尔森(Joan Benoit Samuelson)以2小时24分52秒的惊人成绩摘得金牌,不仅成为奥运史上首位女子马拉松冠军,其完赛时间甚至快于1960年前历届奥运会的男子马拉松冠军(除1952年),女性在马拉松领域的非凡实力由此得到淋漓尽致的展现。

3. 荒芜中生长出的城市马拉松赛

作为全球经济、文化、传媒中心和世界上最发达城市,纽约的影响力举世公认。即便如此，1970年代的纽约也曾因抢劫频发、毒贩横行、腐败成风等经历过一段至暗时刻，沦落为臭名昭著的罪恶之城。创始于1970年的纽约马拉松受此波及，在早期阶段乏善可陈，中央公园的凋零则进一步导致绕其四圈的赛事路线设置黯淡无光。

如何才能绝地逢生，既是摆在城市执政者面前最急迫的现实难题，也是赛事运营方要解决的头等大事。随着美利坚建国两百周年倒计时的临近，一个能同时挽救纽约市和纽约马拉松的两全其美方案终于破茧而出。在时任曼哈顿区长珀西·萨顿（Percy Sutton）的支持及房地产开发商杰克·鲁丁（Jack Rudin）和路易斯·鲁丁（Lewis Rudin）的赞助下，纽约路跑者协会（New York Road Runners, NYRR）主席兼竞赛主任弗雷德·勒博（Fred Lebow）与《新时代》（*New Times*）杂志发行人乔治·赫希（George Hirsch）决定联手打造一场史无前例的城市马拉松盛事——将纽约马拉松从中央公园及周边乡村的安静小路转移至市区繁华喧嚣的街道。

经过几个月的动员、测量和试跑，1976年10月24日，第7届纽约马拉松共吸引2090名跑者到场参赛，其中不乏1972年慕尼黑奥运会马拉松金牌得主弗兰克·肖特（Frank

Shorter)、美国男子马拉松纪录保持者比尔·罗杰斯（Bill Rodgers）、五届世界越野锦标赛冠军多丽丝·布朗（Doris Brown）和波士顿马拉松女子冠军米基·戈尔曼（Miki Gorman）等传奇人物。全新改版的路线从斯塔滕岛出发，蜿蜒穿过布鲁克林和皇后区，触及布朗克斯区的边界，最终抵达曼哈顿的中心地带。由于沿线的五座桥梁和三百多个十字路口均实行了交通管制，好奇的市民纷纷走出家门一窥究竟，跑者与观者、市民与街区就这样被巧妙地连接在一起，无形间推动纽约马拉松超越了单纯的体育竞技范畴，化身为一场多方参与、共襄盛举的城市庆典，让久违的青春热血之歌、活力激情之曲、拼搏进取之音再度萦绕于整个纽约。肖特回忆道："当我们跑经哈西德派社区，四周满是驻足观看的人群，我深切感受到，他们正亲眼见证着一场前所未有的盛事。"纽约马拉松的推陈出新，不仅在一定程度上拯救了摇摇欲坠的罪恶之城，促进了美国本土城市马拉松的蓬勃发展，更为全球范围内兴起的城市马拉松赛事奠定了基调。

专栏 5　马拉松热潮中的时代先锋

1960 年罗马奥运会上，阿贝贝·比基拉（Abebe Bikila）的名字响彻世界。这位来自埃塞俄比亚的黑人长跑健将赤脚穿越古老的罗马石板路，率先通过终点，成为第一位赢得马拉松奥运金牌的非洲运动员。四年后的东京奥运会，他再次夺金，缔造了奥运马拉松赛场上首度卫冕的传奇。他用赤脚奔跑诠释无畏的精神，唤起众多追梦者的共鸣，也开启了马拉松全球热潮的序幕。

1972 年慕尼黑奥运会上，弗兰克·肖特斩获美国奥运史上久违的马拉松金牌——上次夺冠还是 1908 年的伦敦奥运会。肖特的胜利极大地激励了成千上万的美国民众——曾经看似遥不可及的马拉松距离，渐渐成为每一个人都能触摸到的梦想。在那个风雨飘摇的时代，他用步伐追逐信仰，将马拉松的意义延展到每个普通人心中，点燃了 1970 年代的美国跑步热潮，也将这一运动深深植入美利坚文化。在这股热潮中，比尔·罗杰斯是不折不扣的标志性人物。1975—1980 年间，他分别 4 次问鼎纽约马拉松和波士顿马拉松，并在波士顿 2 次打破美国纪录，成为那个年代的跑步偶像。

与此同时,马拉松的赛道不再仅属于男性。1966年,罗伯塔·吉布偷偷参加波士顿马拉松,成为第一位完成该赛事的女性。尽管未获正式参赛资格,但她的勇敢之举为女性敲开了马拉松的大门。次年,凯瑟琳·斯威策以"KV Switzer"的身份成为首位获得波士顿马拉松参赛资格的女性跑者。1977年,斯威策与雅芳公司合作,推出具有开创性意义的雅芳国际女子跑步巡回赛,并于翌年启动了雅芳国际马拉松,激励无数女性奔向马拉松的赛道。同期,纽约马拉松则见证了挪威传奇运动员格雷特·怀茨(Grete Waitz)在1978—1988年间9次夺冠的辉煌战绩,她用坚韧与优雅将女子马拉松带上了新的高度,让世界看到女性同样能在马拉松中展现非凡的成就。

阿贝贝·比基拉、弗兰克·肖特、比尔·罗杰斯、罗伯塔·吉布、凯瑟琳·斯威策、格雷特·怀茨……这些20世纪马拉松热潮中的时代先锋,在赛道上留下的不只是脚步,更是信念与梦想的印记。在他们的引领下,无数人穿上跑鞋,体验挑战自我的乐趣,收获先苦后甜的喜悦,马拉松渐从小众竞技蜕变为大众之选。

1979 年，来自英国的 3000 米障碍赛奥运冠军克里斯·布拉舍（Chris Brasher）参加了第 10 届纽约马拉松。赛后，他迫不及待地在《观察家报》(*The Observer*)上向伦敦民众分享城市马拉松的魅力："你必须相信人类可以成为一个快乐的大家庭，共同实现看似不可能的事情，因为我亲眼目睹了它的发生。上周日，在世界上最喧嚣繁忙的城市之一，来自全球 40 个国家的 11532 名男女和儿童一起欢笑、呼喊和痛哭。我不禁好奇，伦敦是否也能举办这样一场盛大的节日？"正是受纽约马拉松的启发和鼓舞，布拉舍与同行的约翰·迪斯利（John Disley）在回国后便开始了伦敦马拉松的筹办。1981 年，首届伦敦马拉松就吸引了超过 22000 人报名，逾 7000 人参赛，成千上万的观众在道路两旁助威呐喊、欢呼雀跃。翌年，组委会更是收到了 90000 余位跑者的申请，最终参赛规模攀升至 18000 人。自那时起，城市马拉松的势头便一发不可收拾，罗马、巴黎等欧洲城市紧随其后，纷纷举办各自的马拉松赛事，继而又带动这股热潮迅速地席卷全球。

历经数十载的积淀，波士顿马拉松、伦敦马拉松、柏林马拉松、芝加哥马拉松、纽约马拉松、东京马拉松和悉尼马拉松七大城市马拉松，在参赛规模、竞赛成绩、经济效益等方面已然成为世界最高水准马拉松赛事的代名词。它们和而不同、美美与共,令全球马拉松爱好者心驰神往。

二、世界马拉松大满贯

在马拉松的世界版图之中，大满贯赛事无疑是最耀眼的存在。不同风格的城市，各具特色的赛道，都彰显着独一无二的极致魅力，它们就像闪耀的启明星，成为全球跑者奋力追逐的梦想与荣耀，是无数人心中神圣的目标。在这里，我们感受波士顿马拉松悠久历史中的传承与坚守、纽约马拉松繁华都市中的激情与活力、伦敦马拉松英伦风情里的优雅与浪漫、柏林马拉松对速度极限的不懈挑战、芝加哥马拉松风城中的魅力释放以及东京马拉松东方文化中的内敛与坚韧，当然还有最新晋级的悉尼马拉松的至美和梦幻。这些赛事不仅是一场场体育竞技，更是人类挑战自我、超越极限的精神象征，它激励着一代又一代的跑者勇往直前，追逐那属于自己的光辉时刻。

(一)全球跑者朝圣的殿堂——波士顿马拉松

世界上最古老的马拉松赛事,凭借严苛的入围门槛、坚强执着的城市精神,淋漓尽致地诠释着其在跑者心目中宛如麦加般的崇高。朝圣、超越、勇气、乐观,一切人类追求卓越的伟大叙事,皆在无与伦比的波士顿马拉松中交汇融合。

1. 世界最古老的马拉松赛

每年4月,当象征着美国独立精神的爱国者日的晨曦洒落在波士顿的大街小巷,跑者们从四面八方汇聚于此,响应这场充满热血和希望的赛事的召唤。自1897年创办以来,波士顿马拉松如同一座灯塔,照亮着世界城市马拉松的奋进征程,激发着无数跑者的激情与梦想。这项赛事早已超越了纯粹的体育竞技,成为连接过去与未来的桥梁,传递勇气与坚韧的精神力量。

1896年首届现代奥林匹克运动会成功举办后,美国波士顿体育协会受其启发,于1897年4月19日组织了首届波士顿马拉松赛,时至今日,它已然成为世界上历史最悠久的马拉松赛。百年来,该协会将神话中的独角兽作为标志，始终镌刻在波士顿马拉松奖牌（杯）的中心，寓意着"永远无法被超越"的目标和对美好事物的不懈追求。对于获胜者，波士顿马拉松有着独特的传统：在1986年以前，通常采用类似古希腊的做法，以橄榄叶编成的花冠和奖杯作为主要奖品，这在一定程度上延续了马拉松赛事古老而质朴的竞技精神内涵。后来因职业选手抵制，1985年，波士顿体育协会新任掌门人盖伊·莫尔斯（Guy Morse）为比赛引入了主赞助商——约翰汉考克人寿保险公司（John Hancock Life Insurance Company）。在其资助下，波士顿马拉松建立了自己的赛事奖金制度，1986年首次颁发冠军奖金和赛道纪录奖金。最终，澳大利亚选手罗伯特·德·卡斯泰拉（Robert de Castella）以2小时07分51秒的成绩夺冠，大幅刷新赛会纪录的同时，带走了共计55000美元的奖金及一辆奔驰轿车。

从1986年开启合作到2023年合约结束，约翰汉考克人寿保险公司与波士顿马拉松携手走过了38年光辉岁月（自2024年起的10年内，波马主赞助商改由美国银行担纲）。在此期间，累计颁发奖金超过2000万美元，使波马成为全球奖金最丰厚的马拉松赛事之一，也为其影响力的日益提升发挥了强大的支撑作用。

获胜者从头戴橄榄叶编成的花冠到收获丰厚奖金回报，

波士顿马拉松的传统经典和与时俱进，不仅激励全世界顶尖高手巅峰对决、突破极限，更吸引了数以万计的跑步爱好者借此盛会欢聚一堂。参赛人数从 1897 年的 15 人一步步发展到近年来的限额 30000 人左右，众多跑者更是将能够参与这场赛事，视为对马拉松历史的致敬和对自身跑步生涯的高度认可。

2. 城市精神的胜利

波士顿素有"美国精神发源地"之称，作为美国的文化教育核心之地，对知识与创新的不懈追求是这座城市的内在要义。与此同时，作为美利坚诞生的摇篮之所，反抗压迫、争取自由的精神已然融入城市的基因之中。革命锻造坚韧与自由，学府孕育学术与创新，文化碰撞包容与尊重，此乃波士顿永不熄灭的城市之光。

专栏 6 波士顿——美国精神发源地

波士顿，美国马萨诸塞州首府，美国最古老、最具历史文化价值的城市之一，拥有哈佛大学、麻省理工学院、波士顿大学等一众世界顶尖学府，令全球学子心驰神往。走进波士顿，这个由欧洲清教徒最早在美洲建立的城市，仿佛翻开了一本美国历史的画卷。从《五月花号公约》奠定美国信仰自由的起点，到波士顿倾茶事件揭开美利坚民族追求独立的序幕，再到莱克星顿打响北美独立战争的第一枪……每一页都诉说着自由、独立、冒险、拼搏与开创精神的延续。

波士顿马拉松赛道与波士顿城市精神一脉相承，全程极富特色且充满挑战。比赛从霍普金顿镇启程，起跑点附近有座"霍伊特队"（Team Hoyt）的《你能行》（Yes You Can）雕塑，生动描绘了迪克·霍伊特（Dick Hoyt）推着坐在轮椅上四肢瘫痪且患有脑瘫的儿子参加马拉松的场景，他们的故事激励了无数人，正是波马精神的象征之一。3公里后抵达阿什兰，这个历史上仅130人的小村庄，是通过奋力争取及多年请愿最终于1937年取得独立的辉煌之地。赛道从弗雷明翰（Framingham）开始逐步拓宽，但经过南弗雷明翰火车站时需要格外小心，因铁路正好把道路隔开，1907年曾发生过火车穿过赛道阻断领先选手的事件。随着赛程近半，选手们将迎来美国东北地区著名的女子文科学院卫斯理学院热情女学生的呐喊铸就的"尖叫隧道"（Scream Tunnel）。不过，进入牛顿镇（Newton）才是真正考验的开始，只有咬牙挺过崎岖的路面、连续的上下坡和"天桥"，才有机会面对长达 6.5 公里的"臭名昭著"的牛顿山和大名鼎鼎的"心碎坡"（Heartbreak Hill）。为避免"撞墙""跑崩"，虔诚向"年轻的心"（Young at Heart）雕像致敬不失为一种重聚能量的心理疗法，毕竟约翰·凯利（Johnny Kelley）这位波士顿马拉松传奇人物曾 61 次参加波马并两度夺冠，堪称波士顿马拉松坚韧和传承精神的象征。当赛程还剩最后 1.5 公里左右时，著名的"CITGO"标识牌便会进入视野，其不仅俯瞰着波士顿的肯莫尔广场（Kenmore Square），见证着这座城市的历史与变迁，也如同灯塔一般指引着最勇敢的跑者奔向旅程的终点。

......

波士顿马拉松的百年历史画卷记录着无数辉煌与荣耀的瞬间。但最为轰动且令人痛心的一幕一定是 2013 年的爆炸案。2013 年 4 月 15 日，第 117 届波士顿马拉松在一片热闹与欢腾中拉开帷幕，街道两旁的观众热情洋溢，掌声和欢呼声此起彼伏。然而，下午 2:50 左右，终点附近的两声爆炸巨响硬生生地撕裂了这片祥和，街道瞬间被浓烟和混乱笼罩。恐怖爆炸案最终夺走了 3 个无辜的生命，造成 260 多人受伤，很多人的命运在爆炸发生的那一刻被永久改写，也给这场传奇体育盛会蒙上一层沉重的阴影。

但混乱与恐惧并没有将波士顿击垮。医护人员、志愿者、警察和普通市民齐心协力，将伤者紧急送往医院，陌生人之间的关怀和无私奉献随处可见。袭击发生后的波士顿并非被恐惧覆盖的城市，而是一座充满勇气的堡垒。"坚强波士顿"（Boston Strong）的口号迅速传遍全球，既是对波士顿市民的强力声援，也表达了对这座城市在逆境面前不屈不挠、团结一致精神的敬意。

次年的波士顿马拉松有近 36000 名参赛者站上起跑点，赛道两旁更是挤满了约百万名热情观众。跑者们用脚步传递力量与希望，观赛者则以"人墙"展现团结和无畏。那一刻，现场的所有人都真切地感受到，重生的波马更加坚不可摧！

十年后，2024 年波士顿马拉松，精英选手们再次上演一年一度的实力较量，肯尼亚运动员海伦·奥比里(Hellen Obiri) 和埃塞俄比亚健将西赛·莱玛(Sisay Lemma) 以惊艳的成绩分别赢得女子组和男子组冠军。与此同时，来自 129 个国家和地区的 30000 名大众跑者一起在这条饱含历史意蕴的赛道上书写了动人篇章。

专栏 7 跨越时间长河的传奇跑者——琼·本诺伊特·萨缪尔森

2024 年的东京马拉松,一位满头银发、目光坚毅的 66 岁老人以 3 小时 38 分 37 秒的成绩冲过终点线,如愿戴上跑者的至高荣誉——六星连珠的大满贯勋章(彼时悉尼马拉松尚未成为大满贯赛事)。她就是首位奥运会女子马拉松冠军——琼·本诺伊特·萨缪尔森。

萨缪尔森与跑步的缘分始于一次意外。高中时期的滑雪受伤,使她不得不通过慢跑进行恢复治疗,正是在此过程中,萨缪尔森逐渐感受到这项运动带来的快乐,同时发现了自己在这个领域的天赋,继而转为长跑运动员。

波士顿马拉松是她逐梦旅程的重要见证。1979 年,不足 22 岁的萨缪尔森以创造赛会纪录的 2 小时 35 分 15 秒夺冠,斩获自己的首个大满贯赛事冠军。1983 年,萨缪尔森再次征战波士顿马拉松,以 2 小时 22 分 43 秒的成绩成为史上首位跑进 2 小时 23 分的女子运动员。一年后的 1984 年洛杉矶奥运会，萨缪尔森凭借2小时24分52秒的出色表现拿到女子马拉松登陆奥运赛场的首枚金牌，也使女子马拉松项目从此在全球体育舞台上获得了应有的认可与地位。

英雄从未迟暮，热血依旧如初。年过半百的萨缪尔森先后在2011、2013和2014年赢得波士顿马拉松50—59岁年龄组冠军。2019年，61岁的萨缪尔森身着40年前的参赛服饰——鲍登学院的衬衫和红袜队的帽子，与女儿一起再次回到了波士顿马拉松的赛场，以3小时04分的完赛成绩夺得了60—64岁年龄组冠军。令人惊叹的是，这一成绩与她1979年的夺冠成绩相差不到半小时，平均配速更是达到了4分21秒。跨越时间的长河，她的激情与能力依旧令人钦佩。

3. 参赛门槛最高的马拉松赛

1970年代，美国迎来首轮跑步热潮，波士顿马拉松的参赛规模随之快速膨胀：从1969年的1342人一路飙升到1979年的7927人。为了适度控制报名人数，1970年，波马开始执行一套名为"Boston Qualification"（波士顿马拉松参赛资格标准）的制度，即跑者必须提交证明，显示自己经过足够训练并能够在4小时内完赛，也就是马拉松跑者所熟知的"BQ"。这一举措意味着报名人员只有达到特定条件才能获得参赛资格。

表1 2025年波士顿马拉松各年龄段参赛资格标准

年龄组	男性参赛资格标准	女性参赛资格标准
18—34岁	3小时00分00秒	3小时30分00秒
35—39岁	3小时05分00秒	3小时35分00秒
40—44岁	3小时10分00秒	3小时40分00秒
45—49岁	3小时20分00秒	3小时50分00秒
50—54岁	3小时25分00秒	3小时55分00秒
55—59岁	3小时35分00秒	4小时05分00秒
60—64岁	3小时50分00秒	4小时20分00秒
65—69岁	4小时05分00秒	4小时35分00秒
70—74岁	4小时20分00秒	4小时50分00秒
75—79岁	4小时35分00秒	5小时05分00秒
80岁及以上	4小时50分00秒	5小时20分00秒

随着大众参与热情的持续高涨，尤其是女性跑者的加入，波士顿马拉松参赛资格标准变得更加细致和完善，不仅体现了性别差异，还对不同年龄层次的跑者提出更具挑战性的要求。同时，参赛成绩证明只能是报名截止日期前一年内的才有效，且仅接受经过认证的全马赛事成绩，室内马拉松或虚拟马拉松成绩则不予考虑。有意思的是，严

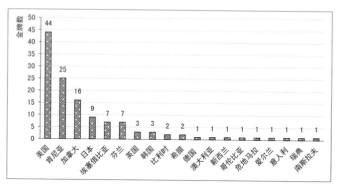

注：2020年因疫情取消。

图6　波士顿马拉松男子组金牌榜国家分布（1897—2024年）

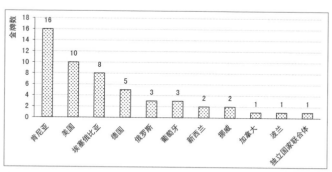

注：2020年因疫情取消。

图7　波士顿马拉松女子组金牌榜国家分布（1972—2024年）

苛的参赛要求却没有吓退跑者，反而成为大家突破个人最佳成绩的重要动力和不断超越自我的有力见证。

（二）迎接新纪录

在延绵不绝的跑道上，速度是向终点致以崇高敬意的载体，它肩负着每一代路跑王者的加冕使命——挑战新纪录。而今，随着马拉松之路上行者如织，打破纪录的含义愈发丰富多彩，不再局限于单一维度的速度较量。跑者们以千姿百态的装扮，怀揣着多元的身份与故事，在马拉松的天地间，各自书写着独一无二的"世界纪录"。

1. 马拉松传奇诞生的摇篮——柏林马拉松

肯尼亚选手埃鲁德·基普乔格被誉为"史上最伟大的马拉松运动员"，而柏林马拉松正是他职业生涯中书写历史、成就传奇的重要舞台。这位两届奥运会男子马拉松金牌得主分别于 2015、2017、2018、2022 和 2023 年 5 次加冕柏林马拉松桂冠，并于 2018 和 2022 年在此创造世界纪录。柏林为基普乔格提供了绝佳的赛道条件，而基普乔格则用一次次惊人的成绩回馈了这条赛道，使其名声大振。两者彼此成就，共同缔造了马拉松历史的辉煌篇章。

如果一条赛道经常与世界纪录挂钩，它自然而然会成为"最快赛道"的代名词。在凯尔文·基普图姆（Kelvin Kiptum）横空出世前，柏林马拉松似乎只做一件事情——创造世界纪录。从"长跑皇帝"海勒·格布雷西拉西耶（Haile Gebrselassie）到"马拉松之神"埃鲁德·基普乔格，都曾在勃兰登堡门登上"世界速度之巅"。自2004年世界田联设立官方认证的马拉松世界纪录以来，9次男子世界纪录中的8次均在此诞生的辉煌，奠定了柏马"世界上最快马拉松赛道"的地位。

表2 世界田联官方认证的男子马拉松世界纪录一览

姓名	国籍	成绩	赛事
保罗·特加特 (Paul Tergat)	肯尼亚	02:04:55	2003年柏林马拉松
海勒·格布雷西拉西耶 (Haile Gebrselassie)	埃塞俄比亚	02:04:26	2007年柏林马拉松
海勒·格布雷西拉西耶 (Haile Gebrselassie)	埃塞俄比亚	02:03:59	2008年柏林马拉松
帕特里克·马考 (Patrick Makau)	肯尼亚	02:03:38	2011年柏林马拉松
威尔逊·基普桑 (Wilson Kipsang)	肯尼亚	02:03:23	2013年柏林马拉松

(续表)

姓名	国籍	成绩	赛事
丹尼斯·基梅托 (Dennis Kimetto)	肯尼亚	02:02:57	2014年柏林马拉松
埃鲁德·基普乔格 (Eliud Kipchoge)	肯尼亚	02:01:39	2018年柏林马拉松
埃鲁德·基普乔格 (Eliud Kipchoge)	肯尼亚	02:01:09	2022年柏林马拉松
凯尔文·基普图姆 (Kelvin Kiptum)	肯尼亚	02:00:35	2023年芝加哥马拉松

注：尽管世界田联自2004年1月1日起才设立官方认证的马拉松世界纪录，但肯尼亚选手保罗·特加特于2003年柏林马拉松创造的02:04:55成绩仍被收录其中，认证有效。

柏林马拉松的速度秘诀究竟是什么？从赛道设计到气候条件，再到服务细节，"超快基因"其实不难窥见。首先，在赛道设计上，一方面，柏马之路相对平坦，海拔起伏较小，有助于选手保持均匀的速度；另一方面，整体宽阔笔直，极少出现弯道尤其是急转弯，使得跑者能够稳定发挥并节省体力。再加上全程铺设的粗颗粒柏油路面，具备良好的弹性和平整度，跑行其上会更加轻松顺畅。显而易见，这一系列条件都极大地提升了选手们打破个人纪录的可能性。

其次，柏马的日程安排也非常有利于选手发挥最佳水平。9月的柏林平均气温约为15度，恰好处于世界田联路跑赛事指南中 5—15 度的理想竞赛温度区间，无疑又增加了选手们"PB"（Personal Best）的概率。

此外，柏马的补给设置也独具特色。与大多数马拉松赛前、后半程均等设置补给站的安排不同，柏林马拉松采用前松后紧的补给策略。在选手体力较充沛的前 15 公里，补给站设置相对稀疏；而在 32.5 公里后，最需要补给时，补给站分布则十分密集。这种设计精准匹配了跑者的需求，确保他们在关键时刻能够获得足够的能量支持，从而有更大的机会取得好成绩。同时，柏马组委会还会为志在突破极限的精英运动员配备私人配速员和专属补给人员，以便根据他们的个人比赛习惯提供全程"保驾护航"。

专栏 8　超越终点的意义——埃鲁德·基普乔格

埃鲁德·基普乔格于 1984 年出生在肯尼亚的卡普西西瓦（Kapsisiywa），自幼便展现出对跑步的热爱，常常奔跑几公里上下学。16 岁时，他遇到了改变他一生的教练帕特里克·桑（Patrick Sang），这位 1992 年巴塞罗那奥运会男子 3000 米障碍赛银牌得主从此成为基普乔格的灵魂导师。

基普乔格首次在国际舞台上崭露头角是2003年世界田径锦标赛，年仅18岁的他在5000米比赛中击败了两位中长跑传奇选手希查姆·艾尔·奎罗伊（Hicham El Guerrouj）和凯内尼萨·贝克勒，勇夺冠军。此后，基普乔格专注于5000米项目，并在2004年雅典奥运会和2008年北京奥运会上分别摘铜夺银，展现了出色的长跑实力。

然而，真正让他走上巅峰的转折点，是2012年转战马拉松的决定。此后，基普乔格开启了21场马拉松比赛赢下16场的传奇生涯，其中包括5次柏林马拉松冠军（两破世界纪录）、4次伦敦马拉松冠军、1次东京马拉松冠军和1次芝加哥马拉松冠军。2019年，他在维也纳的"1:59挑战赛"中以1小时59分40秒完成了全马"破2"的奇迹，尽管因比赛形式特殊，该成绩未被正式认证，但这次挑战为人类突破马拉松极限带来了巨大信心和无限希望。

与此同时，基普乔格的奥运之旅也进入新阶段：他先是在2016年里约奥运会上折桂，实现个人职业生涯奥运金牌的突破；接着又称霸2020年东京奥运会马拉松赛道，创造了奥运会马拉松项目两连冠的最高龄纪录。尽管以近40岁的年纪冲击2024年巴黎奥运会男子马拉松金牌的愿望没有最终实现，但基普乔格的伟大已无须赘言。

表3 基普乔格马拉松战绩一览

赛事	成绩	名次	纪录
2013 年汉堡马拉松	02:05:30	第一	赛会纪录
2013 年柏林马拉松	02:04:05	第二	-
2014 年鹿特丹马拉松	02:05:00	第一	-
2014 年芝加哥马拉松	02:04:11	第一	-
2015 年伦敦马拉松	02:04:42	第一	-
2015 年柏林马拉松	02:04:00	第一	-
2016 年伦敦马拉松	02:03:05	第一	赛会纪录
2016 年里约奥运会	02:08:44	第一	-
2017 年柏林马拉松	02:03:32	第一	-
2018 年伦敦马拉松	02:04:17	第一	-
2018 年柏林马拉松	02:01:39	第一	世界纪录
2019 年伦敦马拉松	02:02:37	第一	赛会纪录
2020 年伦敦马拉松	02:06:49	第八	-
2021 年 NN Misson 马拉松	02:04:30	第一	-
2020 年东京奥运会	02:08:38	第一	-
2021 年东京马拉松	02:02:40	第一	赛会纪录
2022 年柏林马拉松	02:01:09	第一	世界纪录
2023 年波士顿马拉松	02:09:23	第六	-
2023 年柏林马拉松	02:02:42	第一	-
2024 年东京马拉松	02:06:50	第十	-
2024 年巴黎奥运会	-	未完赛	-

对多数选手来说,一次冠军头衔就足以荣归故里,但基普乔格显然不在"多数"之列。他的征途中,不仅有赛场上的辉煌,更有无数个黎明前的孤独与汗水,强大的自律性和内驱力铸就了"不可战胜"的基普乔格,他的存在早已超越了终点的意义。

至今,基普乔格仍坚持简朴的生活方式,保持严格的训练作息。在肯尼亚高海拔的训练营地,他与其他跑者一起刻苦训练,过着苦行僧般的生活。环境的艰苦并未让他动摇,反而帮助他持续专注。每天清晨6点开始约一个半小时的训练,早餐后再进行2个小时的锻炼,晚饭前还会进行夜跑,每周累计跑步距离达220公里。基普乔格最伟大的品质,或许正是那种对自律与专注的绝对掌控力。

作为马拉松界的传奇,基普乔格不仅是速度和耐力的象征,更是勇气与坚韧的化身。其座右铭"no human is limited"(人类无极限)不仅是他个人信念的体现,更成为激励无数跑者的热血口号。他通过自己的职业生涯反复向世人证明,即便看似无法逾越的界限,也能通过坚韧的毅力、严格的自律和不懈的努力去突破。

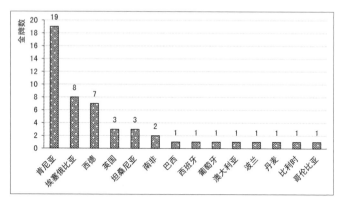

注：2020年因疫情取消。

图8　柏林马拉松男子组金牌榜国家分布（1974—2024年）

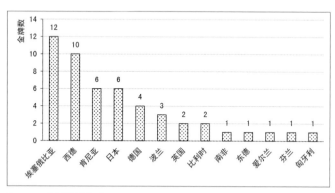

注：2020年因疫情取消。

图9　柏林马拉松女子组金牌榜国家分布（1974—2024年）

2. 打破纪录新玩法 —— 伦敦马拉松

大满贯赛事中,伦敦马拉松可谓诞生"世界纪录"最多的。但此世界纪录,并非传统意义上象征着人类极限的历史最佳成绩,而是跑者们在各类奇特造型下最短完赛时间的吉尼斯世界纪录。

在2023、2024年伦敦马拉松赛场上,分别诞生了45项和44项吉尼斯世界纪录。除了奥运冠军佩雷斯·杰普切切(Peres Jepchirchir)以2小时16分16秒刷新纯女子马拉松世界纪录这种"正经"的纪录外,其余纪录的"奇葩"程度无不让人瞠目结舌。例如,身着科学家服装完赛用时最短纪录、身着睡衣完赛用时最短纪录、扮成昆虫完赛用时最短纪录、穿威灵顿靴完赛用时最短纪录等。这些有趣的纪录挑战不仅为比赛增添了更多的娱乐和创意色彩,还充分展现了赛事的多元与包容。

受纽约马拉松的启发,首届伦敦马拉松于1981年举办,吸引超过22000人报名,最终7741位跑者越过了格林威治公园的起跑线。第二年的比赛更是收到了约90000份参赛申请,从那时起,伦马的声势就不可阻挡。如今,伦敦马拉松由伦敦马拉松赛事公司(London Marathon Events)组织,已发展成为全球最受欢迎的马拉松之一。截至2024年,共有超过一百万人成功完赛。伦敦马拉松的赛道围绕泰晤士河展开，穿越众多城市标志性建筑。跑者们从格林威治公园出发，途经卡蒂萨克号、伦敦塔桥、金丝雀码头、大本钟和白金汉宫等地标，沿着泰晤士河蜿蜒前行，最后在圣詹姆斯宫旁的林荫大道上结束比赛。这条经典路线每年都会吸引无数跑者和观众，近距离感受大不列颠心脏的变迁和独特魅力。

伦敦马拉松不仅因其极具英伦特色的赛道而闻名，更以对各类跑者的公平与包容精神著称。一直以来，赛事在男、女精英选手中实行奖金的均等分配。同时，其为轮椅组选手提供的奖金也是所有马拉松赛事中最为丰厚的。2024年伦敦马拉松将"奖金平等"的理念进一步扩展，成为全球首个为轮椅运动员和健全运动员提供相同奖金的马拉松赛事，彰显出其在推动社会公平方面的领军地位。

专栏9 属于儿童与青少年的城市马拉松——迷你伦敦马拉松

在赛事主办方看来，伦敦马拉松不应只是成年人的舞台，还应让更多儿童和青少年亲身感受这项标志性赛事的氛围，激励他们养成终身运动的习惯。于是，迷你伦敦马拉松作为伦马的延伸，于1985年应运而生。包括4枚奥运金牌得主"万米之王"莫·法拉赫（Mo Farah）和巴黎奥运会女子800米金牌得主基利·霍奇金森（Keely Hodgkinson）等知名运动员在年少时期都曾积极参与。起初，这一活动与全程马拉松同日举行，2022年起调整为独立赛事，安排在主赛前一天进行。参与者的年龄从4岁到17岁不等，可以选择1英里或2.6公里的路线，赛道环绕圣詹姆斯公园，并在与伦敦马拉松相同的终点线完成比赛。

2024年的迷你伦敦马拉松，共有约14000名儿童和青少年参加。而赛事主办方的目标是继续扩大规模，希望到2030年时，达到与伦敦马拉松相同的50000名参赛选手。

....

如果说趣味性和包容性是伦敦马拉松的独特表达，那么，爱与公益则是这项赛事的底色。伦马作为世界上慈善募款金额最高的马拉松赛，每年大约有三分之一甚至过半的跑者都是通过慈善捐款的方式获得参赛资格，这也是伦马被称为最难中签大满贯和最热衷慈善马拉松的原因之一。

对于那些通过抽签获得参赛资格的跑者来说，中签后依然可以选择支持某个慈善机构并为其筹集资金，借此为公益事业贡献一份力量。未中签的跑者则可以通过慈善名额渠道，向赛事合作的公益机构捐赠一定金额的善款，获得参赛资格。无论跑步水平如何，来自世界各地的跑者都可以通过此途径为社会带来积极影响。这不仅赋予了参赛选手更强烈的成就感，也让公益事业与体育精神紧密结合。

事实上，伦敦马拉松自举办之初就被赋予了"为慈善事业奔跑"的使命，它不仅是一场全民狂欢的体育盛事，更是一场货真价实、不走过场的慈善盛宴。伦敦马拉松基金会由伦马创始人克里斯·布拉舍和约翰·迪斯利于1981年创立，并在首年比赛后就向7个伦敦当地项目提供了1500英镑的资助。此后，基金会不断扩大其慈善影响力，2024年最终筹集的慈善资金总额，创下高达7350万英镑的世界纪录，并荣获世界田联颁发的"世界田径遗产牌匾"（竞赛类）。

比赛有终点，慈善无止境！经过四十余载的积淀，如今的伦马已成为全球规模最大的慈善筹款盛事，累计募集了超过12亿英镑慈善基金。伦敦马拉松基金会慈善项目的支持面也涵盖到医疗、教育、环境保护、社会福利等多个领域，为英国和世界各地有需要的人群带来了切实的帮助，成为推动社会变革和公益事业发展的重要力量。

专栏 10　为勇气和爱奔跑

除了层出不穷的千奇百怪纪录，伦马从来不缺少鼓舞人心的真实故事。2023 年伦敦马拉松令人振奋的主角之一是来自诺丁汉郡比斯顿（Beeston）的亚当·利弗（Adam Lever）。2011 年，利弗被诊断出患有骨肉瘤，这种恶性肿瘤不断侵袭其左腿。为保住肢体，他不得不接受切除肿瘤和全膝关节置换的手术。接下来的两年，除了化疗，利弗还必须重学如何走路。直到 2013 年，他才基本康复，但仍要继续进行大量训练来提升自己的运动能力。

2023 年，为庆祝骨肉瘤痊愈十周年，利弗报名参加了伦敦马拉松，并用 5 小时 42 分 55 秒的出色表现，证明了自己在过去十年所付出的巨大努力。顺利完赛的他，不仅成功为骨癌研究信托基金会筹集了超过 13000 英镑，更鼓舞了无数癌症患者、大众跑者以及普通民众。

对利弗来说，慈善是将爱与温暖传递给需要帮助的人。

看到自己的努力为他人带来重拾生活的信心,这种成就感是无法言喻的。将过去的苦难化为动力,以奔跑的姿态向更多人传递勇敢前行的力量,利弗只是万千伦马人中的一员。

....

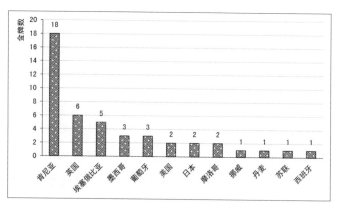

注:1981 年迪克·比尔兹利(Dick Beardsley)、英格·西蒙森(Inge Simonsen)并列第一。

图 10　伦敦马拉松男子组金牌榜国家分布(1981—2024 年)

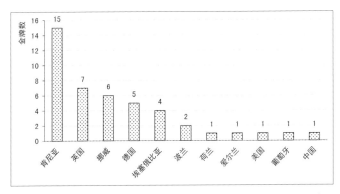

图 11　伦敦马拉松女子组金牌榜国家分布（1981—2024 年）

3. 人类极限运动的试验场 —— 芝加哥马拉松

位于密歇根湖畔的美国第三大城市芝加哥，因其独特地形造就的频繁而强劲的气流得名"风城"（The Windy City）。当地人自嘲"一年一场风，从春刮到冬"，而芝加哥马拉松也展现了这座城市风一般的速度与激情，平坦宽阔的赛道连续两年迎来马拉松的全新世界纪录。

2023 年芝加哥马拉松，凯尔文·基普图姆以 2 小时 00 分 35 秒的成绩创造历史，男子马拉松从此进入了"200"时代。2024 年，芝马再次见证奇迹，30 岁的肯尼亚名将鲁斯·切普格蒂奇（Ruth Chepngetich）凭借 2 小时 09 分 56 秒的卓越表现成为全球首位跑进 2 小时 10 分的女选手。人类运动极限在芝加哥马拉松赛场上不断被推向新的高度。

专栏11 开启马拉松"200"时代——凯尔文·基普图姆

凯尔文·基普图姆于1999年12月2日出生在肯尼亚大裂谷地带的切普萨莫（Chepsamo），距离培养了数十位世界冠军的"长跑之乡"埃尔多雷特（Eldoret）仅三十多公里。少年时期，他在家中牧场帮忙，一边放牧，一边跟随当地的马拉松运动员沿乡间小路训练。尽管父亲希望他继续学业，取得电工文凭，但基普图姆始终怀揣着这片跑步圣地孩子们共有的梦想——成为一名优秀的长跑运动员，开启一段重塑人类速度纪录的职业生涯。

2013年，不足14岁的基普图姆参加了家乡举办的埃尔多雷特半程马拉松，位列第十。五年后，再次站上同一赛道的基普图姆，以1小时02分01秒的成绩摘得桂冠，这也是世界田联官网所记录的他第一个正式比赛成绩。基普图姆在国际赛场上的首次亮相则是2019年3月的里斯本半程马拉松，用时59分54秒，排名第五。此后三年间，他在半程马拉松赛中5次跑进1小时大关，其中最出色的表

二、世界马拉松大满贯

现是在 2020 年瓦伦西亚半程马拉松中,以 58 分 42 秒创造了半马"PB"。

2022 年 12 月的西班牙瓦伦西亚马拉松,迎来了基普图姆的全马首秀,这一战便震惊四海。他以 2 小时 01 分 53 秒的成绩率先冲线,成为继基普乔格和埃塞俄比亚传奇贝克勒之后跑进 2 小时 2 分的第三人,也是世界上"首马"最快的运动员。一时间,大家都将目光聚焦在这位横空出世的天才少年身上。基普图姆以在后半程加速的"负分割跑法"闻名,这一策略在他第二场全马,2023 年伦敦马拉松中得到了完美展现——创造 59 分 45 秒的历史最快后半程,同时以 2 小时 01 分 25 秒的成绩打破赛道纪录夺冠,距离世界纪录也仅差 16 秒。在缺席了同年 8 月的世锦赛和 9 月的柏林马拉松后,万众期待的基普图姆终于在 2023 年芝加哥马拉松的赛道上荣登新王宝座:2 小时 00 分 35 秒的成绩不仅改写了由前辈同胞基普乔格保持的男子马拉松世界纪录,也让他成为史上首位跑进 2 小时 1 分以内的运动员。从首上全马赛道到改写人类纪录,基普图姆仅仅用了三场比赛、10 个月的时间,且三个成绩悉数跻身历史最快成绩前 7 位。这位肯尼亚新星在 42.195 公里的赛道上,唱响了一段空前精彩的马拉松战歌。

然而天妒英才，2024年2月11日，不到25岁的基普图姆在一场交通事故中不幸去世。许多人相信，如果命运未曾如此无情，他必将踏上另一场不可思议的旅程，跨过全马"破2"这个看似人类不可逾越的鸿沟。基普图姆的故事戛然而止，但他如流星划过的传奇生涯，将会永远激励着无数追梦者不断向前，永不停步。

······

专栏12 属于女子马拉松的"破2"壮举

如果说2023年芝加哥马拉松书写了男子"200"时代的新篇章，那么，2024年芝加哥马拉松就是翻开了女子竞速的新画卷。当年10月，曾两度在此加冕的肯尼亚名将鲁斯·切普格蒂奇以2小时09分56秒的成绩，实现芝马三冠的壮举，并将世界纪录提升了1分57秒，推动女子马拉松正式进入"209"时代。

赛后分析显示，这位没有专职教练、自己安排竞训的运动员所创下的纪录含金量极高。参照世界田联官方成绩表现分换算标准，切普格蒂奇2小时09分56秒的表现对应1339分，超过基普图姆2小时00分35秒的男子世界纪录对应的1322分，等同于男子马拉松1小时59分37秒的水平。换句话说，切普格蒂奇的成就相当于女选手率先在马拉松赛场完成了"破2"的壮举！

切普格蒂奇赛后表示："（女子）世界纪录已经回到肯尼亚，我将其献给基普图姆。"她用自己的非凡表现，向已故的天才同胞致以最崇高的敬意，也让世界重新认识到女子马拉松的无上潜力。

....

虽然正式创办于1977年的芝加哥马拉松只是大满贯家族里的中生代力量，但芝加哥举办过的马拉松比赛却可以追溯到20世纪初。早在1905年，伊利诺伊体育俱乐部（Illinois Athletic Club）就曾在这座城市组织过年度马拉松赛事，直至1920年代才停止。半个世纪后，随着弗兰克·肖特赢得1972年慕尼黑奥运会男子马拉松冠军，美国路跑运动迅速升温。1977年芝加哥马拉松首次举办就有约4200名跑者参加，比同年的具有悠久历史的波士顿马拉松还多1000余人。时至今日，已至少有来自全世界140个国家和地区的精英运动员和大众选手参加过芝马，他们也将继续共同书写这项赛事辉煌的未来。

芝加哥马拉松7次打破世界纪录的傲人成就，让其"高速赛道"的标签深入人心。不过，除了光彩夺目的赛场纪录，沿途独特的"风城"之美同样引人入胜：芝马的路线蜿蜒穿过该市的29个街区，密歇根大道高楼林立的壮观、林肯公园绿意环绕的宁静、皮尔森社区拉丁风情的活力以及唐人街鼓声雷动的热情，将都市风光与多元文化融为一体，为跑者提供了与众不同的意韵体验和视觉盛宴，如果再配上密歇根湖畔的清风，无疑就是全球马拉松人竞逐纪录与感受风城魅力的完美舞台。

专栏13 世界纪录背后的"最强跑鞋"

芝加哥马拉松的赛场，在两年内见证了基普图姆和切普格蒂奇先后打破男、女子世界纪录，开启人类速度极限的新纪元。如此成绩的取得当然根本上源于运动员过硬的自身实力，但他们脚上 Nike Alphafly 3 跑鞋的助力也不容忽视。

作为耐克有史以来测试次数最多的 Alphafly 系列跑鞋，Nike Alphafly 3 极具创新性。通过科学整合 Zoom X 泡棉、Flyplate 碳纤维板以及 Air Zoom 气垫单元等尖端技术，Nike Alphafly 3 具备出色的缓震性能和推进力，能够帮助跑者在比赛中保持高效步伐、极大提升速度的同时，显著减少长距离跑步的疲劳感。前有基普乔格、哈桑等世界顶级选手穿着 Nike Alphafly 3 在各大赛事中创下佳绩，后有基普图姆和切普格蒂奇脚踏这款跑鞋缔造新的马拉松世界纪录。因连续助力顶尖跑者打破极限，Nike Alphafly 3 当之无愧地获得了"地表最强跑鞋"的称号。2024 年 1 月，它正式面向大众发售后，迅速引发了一波线上抢购热潮，不到 2 分钟便售罄，实体商店门口更是排起壮观长队。无论是精英选手还是大众跑者，无人不想穿上它，创造属于自己的速度巅峰。

新一代高科技跑鞋专为提升跑者成绩而设计，其创新技术旨在帮助运动员突破以往的极限。这意味着，随着跑鞋性能的不断进步，现代马拉松选手将有机会达到过去难以想象的高度。站在另一视角，科技飞速发展也引发了人们对公平竞争的质疑。因此，如何在利用"跑鞋科技"提高成绩的同时，避免对比赛公平性的破坏，似乎同样是品牌方、运动员和相关机构需要思考的问题。

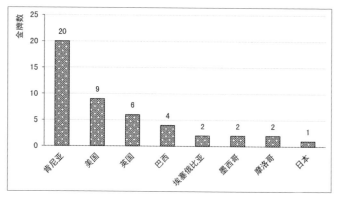

注：1987年因赞助问题取消，2020年因疫情取消。

图12 芝加哥马拉松男子组金牌榜国家分布（1977—2024年）

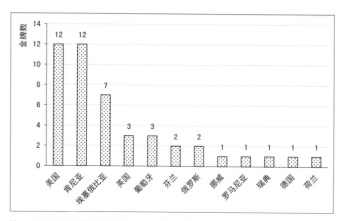

注：1987年因赞助问题取消，2020年因疫情取消。

图13 芝加哥马拉松女子组金牌榜国家分布（1977—2024年）

(三)赛道之美,奔跑之韵

跟着赛事见世界,带着梦想跃巅峰。从繁华街景到旷野山海,感受人间烟火的热烈与绚烂,体会大自然的雄浑和壮丽。每一步,皆是邂逅未知之景;每公里,都在书写别样之章。从美国东海岸璀璨夺目的纽约,到横跨太平洋流光溢彩的东京,这一路,不仅是脚下赛道的延伸,更是对赛事氛围和城市文化的深度体验。勇敢的跑者,于喘息和坚持中重塑自身边界,在奔跑和丈量里铭记城市灵魂。脚步踏过的地方,是个人拼搏的烙印,更是城市的荣誉勋章。

1. 与城市共荣的跑者天堂 —— 纽约马拉松

纽约的风采无须多言,欧洲的典雅与深邃、亚洲的古老与神秘、拉美的热情和奔放,共同赋予了其丰富多彩的文化底色,也使它展现出独特的多元魅力。

1970年,首届纽约马拉松在中央公园举行,跑者需绕园4圈完成比赛。为纪念美国建国两百周年,1976年的纽约马拉松全面改版,新路线将纽约市全部五个行政区(斯塔滕岛、布鲁克林区、皇后区、曼哈顿区以及布朗克斯区)串联起来,选手们可以在比赛过程中领略不同城区的独特风景，感受不同种族和文化的大融合。经过半个世纪的发展，纽马已成为全球规模最大的马拉松比赛——2019年共有53627人完赛。即便饱受疫情冲击，2023年的完赛跑者数量仍旧"破5"，且覆盖近150个国家和地区。近年来的赛事期间，通常有百万量级的观众会走上街头加油助威，和来自世界各地的跑者齐聚一堂，共同感受这座城市的无尽激情。

纽约马拉松由纽约路跑者协会组织，于每年11月的第一个星期日举办，自创设以来，除2012年因飓风桑迪登陆和2020年因COVID-19大流行而取消外，再无间断。

专栏14　纽约路跑者协会

纽约路跑者协会是一家成立于1958年的非营利机构，总部位于纽约市。初期定名路跑俱乐部-纽约协会（Road Runners Club-New York Association，RRC-NYA），仅有47位会员，如今则已是拥有超过60000名会员的美国首屈一指的跑步组织。

被誉为"美国马拉松之父"的泰德·科比特（Ted Corbitt）是协会的创始主席，也是将跑步从小众运动带向大众视野的先驱者。1972年，随着极富远见卓识和开拓精神的弗雷德·勒博掌舵，纽约路跑者协会迎来了翻天覆地的变化，其不仅将两年前诞生的纽约马拉松全面接管——勒博是纽马创始人之一——更是将纽约这座城市逐渐打造为跑者的天堂。

纽约路跑者协会一方面负责筹办纽约马拉松，另一方面还开展跑步培训和指导，组织社区公开跑步比赛，等等。无论年龄与能力，几乎每位跑者都能在这些项目中找到适合自己的内容。纽约路跑者协会也坚持为纽约市五个行政区的儿童提供免费的青少年成长计划和集体活动，致力于培养年轻一代对运动的热爱，提升跑步文化在社区中的影响力。

除此之外，第五大道一英里赛、帝国大厦登高赛、迷你10公里跑等标志性赛事的诞生与持续，更点亮了无数奔跑在纽约天空下的梦想。

....

纽约马拉松的起跑蔚为壮观。每年比赛日一早，选手们集结于斯塔滕岛的沃兹沃斯堡（Fort Wadsworth），这座占地226英亩的南北战争时期的巨大防御工事，如今已修缮成美丽的公园，在起跑前供选手进行最后的准备。随着军方发炮作为开赛信号，数万名跑者伴随着弗兰克·辛纳特拉（Frank Sinatra）的经典歌曲《纽约，纽约》（New York, New York），从韦拉札诺海峡大桥（Verrazzano-Narrows Bridge）踏上挑战之路。人潮从大桥上下两层桥面奔涌而出，桥的尽头等待他们的是无数观众的呐喊与欢呼。

迎着港口壮丽的景色与清爽的海风，跑者们不久将穿过布鲁克林的贝德福德-斯图文森（Bedford-Stuyvesant）、威廉斯堡（Williamsburg）和绿点（Greenpoint）等多元文化街区，看到传奇街头艺术家在城市墙壁上留下的印记——美式涂鸦肆意挥洒、异想天开的漫画跃然墙上、迷人的肖像画诉说着无尽的故事……凡此种种，将纽约的独特创造力和城市艺术之美表达得淋漓尽致，年复一年增彩着选手们的参赛体验。

欣赏街头艺术的同时，跑者还需关注布鲁克林区域一些微妙的地势起伏，保持平衡且稳定的步伐，为后续的挑战积蓄体力。当穿过普拉斯基大桥（Pulaski Bridge）进入皇后区时，左侧直入云霄的帝国大厦映入眼帘，这座矗立在曼哈顿的摩天大楼俯瞰着整个城市，尽收纽约的繁华与宏伟。也是在皇后区，跑者将直面最具挑战性的皇后区大桥（Queensboro Bridge）。桥上观众全无，只有脚步声回荡在空旷的桥面上，"撞墙"时刻往往发生于此，耐力与意志力的考验达到顶峰。一旦踏上第一大道（First Avenue），景象则再次焕发生机，热情的观众、乐队和舞者会为选手注入新的动力，为即将到来的终点加油鼓劲。

在 23—26.2 英里的最后阶段，跑者们将与中央公园亲密接触。这片秋意盎然的天地，对平日里快节奏的纽约人来说，是一个可以放慢脚步的地方，泛舟湖上或席地美餐，大自然的宁静与城市的繁忙在此和谐相融。赛道在公园中变得相对平坦，为冲刺奠定了基础，标志性的中央公园终点线静候着每一位勇者的凯旋，人群在此沸腾，各国旗帜迎风飘扬。那一刻，属于每一位参与、见证纽约马拉松的人。

专栏 15　特殊参赛者，生命绚烂之美的颂歌人

在马拉松运动中，特殊参赛者始终自带万丈光芒，用希望之火，凭勇毅的心，以不屈精神照亮千千万万人的奔跑路。特殊参赛者，或许肢体残缺，但依靠顽强的意志和

对跑步的热爱，驱动轮椅、借助其他辅助器具踏上赛道；或许年逾古稀、步履蹒跚，却不甘向岁月低头，用不迟的行动追赶年轻时的梦想；或许患有罕见疾病，在与病魔抗争的同时，还怀揣着对马拉松的憧憬，一步一步地向着目标前行。因为纽约马拉松一贯包容的态度和庞大的志愿者队伍，他们能够无忧参赛，尽展生命绚烂之美。

鲍勃·维兰德（Bob Wieland）作为一名失去双腿的越战退伍军人，1986年，仅靠双手用98小时48分17秒完成了纽约马拉松，成为当年19413位完赛者中的最后一人。大家得知他仍在赛道上坚持后，纷纷为他加油鼓劲。临近终点处，他身边还聚集了一群陪跑者，包括部分已经完赛的残疾选手。当他最终抵达中央公园临时重新搭建的终点线，全场响起经久不息的掌声，赛事总监弗雷德·勒博无比骄傲地宣布他的成绩为"有史以来最慢的马拉松世界纪录"。维兰德的壮举之所以伟大，不仅因其以超越常人的毅力完成了看似不可完成的挑战，更为重要的是这一行为激励了全世界的截肢者和退伍军人以积极的态度勇敢面对多舛的命运与坎坷的人生。

佐伊·科普洛维茨（Zoe Koplowitz）虽患有糖尿病和严重的多发性硬化症，但常年来风雨无阻坚持跑步。截至

2013年最后一次参赛,她共完成了25次纽约马拉松,尽管始终都是"最后一名",但她笑对逆境、敢于追梦、坚持不懈的勇气和精神着实鼓舞了大量身患重症之人,其自传《必胜精神:最后一名的人生经历》(*The Winning Spirit: Life Lessons Learned in Last Place*)一经出版就广受好评,不少同类型的患者正是了解她的故事后重新振作:因为你每年都跑步,所以我们至少得继续走路!

特里·汉尼根·威瑞琳(Terry Hannigan Vereline)在2019年纽约马拉松中创造了历史。这位65岁的瘫痪者在外骨骼机器人的帮助下,用时3天走完全程26.2英里。随着现代科技的发展,只要有一颗不甘平凡、永不放弃的年轻的心,人人都可马拉松,是威瑞琳给予这个世界最有力的回声。

无须赘言,每一位特殊参赛者的身影,都是对人类极限力量的生动诠释。他们克服了常人难以想象的困难,在前行中书写着属于自己的辉煌,激励着身边人去勇敢面对生活中的挑战,向着梦想不断奋进。他们所展现出的精神,如同璀璨的星光,照亮了整个马拉松赛事,也为我们的每一次奔跑注入无穷的动力。

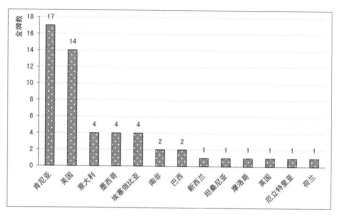

注：2012年因飓风取消，2020年因疫情取消。

图14 纽约马拉松男子组金牌榜国家分布（1970—2024年）

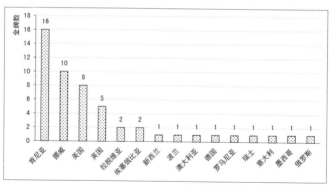

注1：尽管纽约马拉松自创设之初就允许女性跑者参加，但1970年仅有一位女选手报名，且未能完赛，故金牌榜国家分布图的时间始于1971年。
注2：2012年因飓风取消，2020年因疫情取消。

图15 纽约马拉松女子组金牌榜国家分布（1971—2024年）

2. 口碑爆棚的亚洲之光——东京马拉松

东京马拉松是目前亚洲唯一的大满贯赛事，创办于2007年，2013年加入世界马拉松大满贯行列。相较始于1897年的波士顿马拉松、1970年的纽约马拉松、1974年的柏林马拉松、1977年的芝加哥马拉松、1981年的伦敦马拉松以及2001年独立办赛的悉尼马拉松，东京马拉松无疑是世界马拉松大满贯家族中的"青少年"。

东马正式诞生之前，东京实际上存在着两个马拉松赛事——东京国际马拉松和东京-纽约友谊国际马拉松。因举办时间仅间隔一个月，对城市挑战过大，所以从1982年开始以交替举办的方式进行：偶数年举办东京国际马拉松，奇数年举办东京-纽约友谊国际马拉松。2007年，两项赛事正式合并，定名为东京马拉松，并在短时间内成为世界最受欢迎的马拉松赛事之一。

热情专业的志愿者是东京马拉松的金字招牌。多年前，东马就已建立了系统完善的志愿者管理架构，设置数十种志愿者岗位。仅在赛道服务方面，就有赛道排障、距离标示、选手辅助和观众管理等类别。在高效的管理体系下，志愿者们各司其职，以饱满的热情为赛事提供优质服务，确保跑者获得最佳参赛体验。例如，在每个厕所入口处，志愿者们都会组成"人墙"引导跑者快速进入；赛道补给站后每隔10米就有志愿者负责清理垃圾，以保持环境整洁；沿途还设有手举指示牌的志愿者，随时为有需要的选手提供帮助。正是这些专业而周到的服务，让东马得到了各地参赛者的青睐。

除了广受称颂的志愿服务体系，东京马拉松领先全球的医疗急救保障水平同样是其赢得良好口碑的关键。自赛事创立以来，东马保持了心脏骤停100%救活率的纪录，被誉为"最安全的马拉松"。赛事的救助站分布非常科学：前半程每5公里设一个救助站，后半程的站点密度增加到每2—3公里一个，且每个站点都配有医生和护士。此外，大约每隔3分钟路程，就有两名志愿者携带自动体外除颤仪（AED）在赛道旁待命。除了这些定点的医疗人员外，组委会还会安排数十名"医疗跑者"与选手们一同参赛，以及自行车救援队随时待命，从而确保在紧急情况发生时能够迅速提供帮助。心脏骤停救治的黄金时间是4分钟，而东京马拉松的医疗保障能力则可确保2—3分钟内展开救助。正得益于此，赛事历史上发生的每一例心脏骤停都得到了及时处理，成功避免了生命危险。

当然，东京马拉松欢乐的比赛氛围也备受跑者赞誉。

受日本发达的动漫产业和时尚文化潮流影响，Cosplay大行其道，不少选手会身穿奇装异服甚至一路变换，为比赛增添趣味性和娱乐性。组委会会在赛道旁专门安排乐队为选手们助兴，沿途还设有多种活动会场，通过表演丰富节目，让跑者们一路沉浸于快乐的海洋。

此外，东京马拉松长达7个小时的关门时间，显然对速度较慢的大众跑者更加友好，这既使得东马的完赛率较高，也带来了中签率偏低的副作用。不过，越是如此，赛事的吸引力和关注度也就越高。

如今，以东京马拉松为核心，日本的路跑赛事体系已非常发达。从城市到乡村，从沿海到山区，无论距离长短、规模大小，如繁星般涌现的赛事犹似一个个活力引擎，带动着日本路跑运动的全民参与热情。不仅让专业跑者有了更多展现自我的舞台，也让普通民众能够轻松融入其中，感受跑步的魅力。包括富士山马拉松、佐贺樱花马拉松、驿传竞走这样充满本土特色的赛事，特别是后者，每年的受欢迎程度都会超出想象。

专栏 16　驿传竞走

驿传竞走（日语"駅伝競走"，常简称为驿传），又称驿站接力赛，是由"驿传"之原意——从一个站点到另一个站点不断传递公务文书或运输货物——逐渐演变而来，并慢慢成为日本一项极具特色且广受欢迎的长跑接力赛。

驿传竞走比赛形式多样，赛程从马拉松的 42.195 公里到数百公里不等。在众多赛事中，最为知名的当属由"日本马拉松之父"金栗四三（Shizo Kanakuri）等人于 1920 年创办的箱根驿传，其全称为"东京箱根间往复大学驿传竞走"。该比赛汇集了日本各大长跑名校，由每所大学派出 10 名队员，将印有学校名称的绶带作为接力棒，接力完成从东京到箱根之间往返共计 217.1 公里的路程。比赛分首日往路和次日复路，共 10 个区间，每个区间由不同的选手完成。由于各区间的地势路段不尽相同，箱根驿传最大的看点就在于各高校如何根据赛道特点进行排兵布阵，合理利用队员的个人优势，从而争取最佳的团队成绩。在箱根驿传这一所有日本田径生心中的梦想舞台上，每位参赛选手的目标只有一个，那就是为学校的荣誉而战。为了不拖累团队，无人不会拼尽全力。

毫不夸张地说，箱根驿传在日本的影响力和关注度堪比"超级碗"之于美国。2018年，日本作家三浦紫苑以箱根驿传为背景改编的小说《强风吹拂》赢得了海量读者的共鸣和认可，被誉为"跑步界的《灌篮高手》"，而后根据其改编的漫画、电影也是叫好又叫座。

箱根驿传也是培养精英跑者的摇篮，日本近年来关注度颇高的顶尖马拉松选手，多是从这里脱颖而出。其中最引人注目的，当属首马就跑出2小时06分18秒这一彼时亚洲历史第十五好成绩的平林清澄——这位国学院大学大三学生在2024年大阪马拉松中一鸣惊人，以刷新日本全马首马纪录的成绩斩获冠军。

⋯⋯⋯⋯⋯⋯⋯⋯⋯⋯⋯⋯⋯⋯⋯⋯⋯⋯⋯⋯⋯⋯⋯⋯⋯⋯⋯⋯⋯⋯⋯⋯⋯

经过百余年的历史积淀，日本国内的马拉松氛围已十分浓厚，并在选材、训练和赛事上形成了非常完善的体系，这也为日本选手在国际赛场上屡创佳绩提供了坚实基础和有力支持。通过几代人的不懈努力，日本正如金栗四三所期待的那样，成功跻身世界长跑强国的行列。

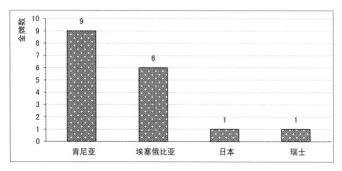

注：2022年因疫情取消。

图 16　东京马拉松男子组金牌榜国家分布（2007—2024 年）

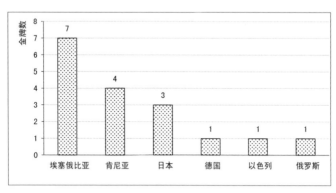

注：2022年因疫情取消。

图 17　东京马拉松女子组金牌榜国家分布（2007—2024 年）

3. 从六大满贯到九星征途

世界马拉松大满贯是全球顶级马拉松巡回赛，于 2006 年设立，初期包括波士顿马拉松、纽约马拉松、柏林马拉松、芝加哥马拉松、伦敦马拉松五大年度城市马拉松赛。2013 年，新增了东京马拉松，"世界马拉松六大满贯"正是自此名动江湖。2015 年，大满贯系列由雅培冠名，正式更名为"雅培世界马拉松大满贯"（Abbott World Marathon Majors）。

2016 年，雅培世界马拉松大满贯推出震撼全球跑圈的至高荣誉——"六星勋章"。具体来说，每一位完成六场大满贯赛事的选手即有资格申请"六星勋章"，晋级为六星跑者。

根据大满贯组委会官方发布的数据，截至 2024 年上半年，全球已有 17026 人成为六星跑者，其中仅 2024 年上半年就新增了 4245 人。总体数据中，男性占据三分之二，达到 11291 人。跑者达成六星成就时平均年龄为 50 岁零 7 个月。在地域分布上，这些跑者来自六大洲的 130 个国家和地区，主要集中在欧洲、北美和亚洲。值得一提的是，随着 2024 年六大满贯赛事全部落幕，中国的六星跑者总数已增至 1149 人（内地 626 人、台湾 200 人、香港 309 人、澳门14人），仅次于美国和英国，位居全球第三。这一数据充分体现了近年来马拉松运动在我国的蓬勃发展。

2025年，悉尼马拉松正式"入局"世界马拉松大满贯系列赛事。不过，根据大满贯组委会此前公布的计划，悉马的加入其实只是"六星"变"九星"的第一步。作为大满贯候选赛事的开普敦马拉松和上海马拉松，在一切顺利的情况下，最快将分别于2026和2027年晋级大满贯赛事。也就是说，曾经风靡全球的"世界马拉松六大满贯"有希望在不久的将来扩容为前所未有的"世界马拉松九大满贯"。

对于每一位六星跑者和正在行进路上的马拉松爱好者来说，九星征途的准备似乎应该开始了！

在世界马拉松大满贯赛事的舞台上，精英选手宛如璀璨之星，备受瞩目。然而，更值得赞颂的是那千千万万的普通跑者。他们或许没有惊人的速度，也未曾接受过专业的训练，但都拥有一颗热爱奔跑的心。带着梦想和勇气从起跑线出发，每一次呼吸、每前行一米，都是他们与自我的较量。在漫长的赛程中，汗水湿透衣衫，肌肉酸痛难耐，可他们眼神坚定，从未想过放弃。他们用坚韧的毅力诠释着马拉松精神,那是对自我极限的挑战,是对生活压力的挣脱。这些普通跑者是平凡世界里的英雄,他们的拼搏在赛场上绘就了一幅幅动人画卷,让大满贯赛事绽放出别样光彩。他们向世界证明:只要有梦想,每一步都能踏出伟大。

三、中国马拉松

从逾七百年前的元代"贵由赤"到近七十年前的新中国首马,历经数百个春秋的孕育蓄势,长距离跑步洪流的时代闸门终在华夏大地澎湃开启。1980年代以来,中国马拉松运动愈加气贯长虹,从无可替代的北京马拉松到此生必跑的无锡马拉松,从永不止步的厦门马拉松到魅力四射的上海马拉松、广州马拉松、武汉马拉松、重庆马拉松、杭州马拉松、兰州马拉松、西安马拉松、南京马拉松、衡水湖马拉松……数以百万计大众跑者的激情竞逐已让马拉松赛事枝繁叶茂,马拉松运动火爆全国。

(一)中国马拉松历史

1. 从古代贵由赤到新中国首马

中华大地上有详细记载的长距离赛跑活动至少可以追溯到元朝,即所谓的"贵由赤"。蒙语中的"贵由赤"最初

三、中国马拉松

意为善走者或快行者,随着时间的推移,历经演变,逐渐发展成颇具规模的长跑比赛的代名词。

从起源时间上看,诞生于 1280 年代的"贵由赤",较马拉松运动的元年 1896 年,还早了六百余载。就赛程距离而言,其 180 里的耐力考验更非现代全程马拉松可比。元末明初文学家、史学家陶宗仪曾在《南村辍耕录》中对比赛情况进行了描述:"贵由赤者,快行是也。每岁一试之,名曰放走。以脚力便捷者膺上赏,故监临之官齐其名数而约之以绳,使无后先参差之争,然后去绳放行。在大都,则自河西务起程;若上都,则自泥河儿起程。越三时,走一百八十里,直抵御前,俯伏呼万岁。先至者赐银壹饼,余则段匹有差。"元人杨瑀所著《山居新语》记载:"皇朝贵由赤,即急足快行也。每岁试其脚力,名之曰放走。监临者封记其发,以一绳拦定,俟齐,去绳走之。大都自河西务起至内中;上都自泥河儿起至内中。越三时,行一百八十里,直至御前,称万岁,礼拜而止。头名者赏银一定,第二名赏段子四表里,第三名赏二表里,余者各一表里。"由此可知,"贵由赤"每年举办一次,选手们需要在三个时辰即 6 小时内完成 180 里的路程,前三名及所有完赛者都会得到皇帝的奖赏。如是推断,彼时的"贵由赤"

已具有相对完善的竞赛规则和奖励办法,称其为"加强版马拉松"似乎也不为过。

客观而言,尽管"贵由赤"起初是为锻炼将士脚力而设置,具有一定的军事色彩,但后因参与者众且很接地气(朝廷官员和普通百姓都可在沿途和大都、上都围观),于是慢慢成为全民皆盼的年度体育盛会。既丰富了不同阶层的文娱生活,又以一种原始而纯粹的方式,孕育了国人对长跑运动独有的理解与热爱。历史车轮滚滚向前,岁月流转至20世纪中叶,中华民族以崭新的面貌屹立于世界东方,体育事业随之迎来了前所未有的发展机遇,一个具有里程碑意义的事件更是急不可待地飞奔而至——新中国第一场马拉松赛事破茧而出。

1957年11月24日,江苏省马拉松赛于省会南京市成功举办。在那场载入史册的比赛中,28岁的小伙子夏启宇从17位健儿中脱颖而出,以2小时52分40秒的成绩勇夺头名。次日,《新华日报》刊登了题为《解放后首次马拉松长跑赛昨日举行 夏启宇创马拉松正式纪录》的报道,相当于对新中国首场马拉松和首个国家纪录创造者进行了权威认证。

六十多年后,已过九旬的夏启宇老人回忆说,当时南京市的结核病患者特别多,自己在放射科工作,往往从早忙到晚,夜里十一二点下班是常有的事。练习长跑主要是为了保持身体健康,以能够更好地救死扶伤。正因如此,夺冠后,他不仅没顾上参加省体委的庆功会就匆忙赶回江苏省商业职工医院(现南京医科大学第二附属医院)上班,在有关方面希望将其调入体育系统时,也婉言谢绝。

回望历史,1957年的江苏省马拉松赛,对医者夏启宇来说,也许只是人生道路上一段有意思的小插曲,对中国马拉松运动而言,却着实意义非凡。它不仅奏响了长距离跑步乐章的雄壮序曲,更激发了中华儿女对这项运动的无比热情,在万千跑者心中埋下了追求卓越、挑战自我的种子。此后的岁月里,中国马拉松运动愈加气势磅礴,跑者们不断跨越五湖四海,用汗水与努力在国内外赛场上绽放耀眼光彩。

2. 时光赛道上的中国马拉松新速度

夏启宇的全国纪录仅保持了不到一年,来自内蒙古的张云程就在1958年全国马拉松锦标赛上以2小时28分12秒的成绩冲破"230"大关。不过,一个月后,该纪录又被张云程的老乡郑昭信提升了逾5分钟。1959年,第1届全国运动会在北京隆重举行，因正值新中国成立十周年，毛泽东、周恩来等党和国家领导人都出席了开幕式，场面之大、规格之高，后世少有。在此次全运会的男子马拉松比赛中，张云程与郑昭信也展开了正面对决，最终前者以2小时29分55秒的成绩问鼎。1965年的全国马拉松测验赛中，张云程以2小时16分57秒的成绩将全国纪录重新拿到自己手中，并将中国男子马拉松带进了"220"时代。但此后特殊的十年时期，新中国体育事业陷入停滞状态，马拉松运动也深受影响。

直至1975年，我国才开始恢复马拉松运动的系统训练和比赛。在同年举行的第3届全运会中，云南选手肖国明以2小时26分56秒的成绩拔得头筹，较1965年张云程创造的全国纪录慢了近10分钟。1980年，"滇军"名将许亮夺得巴黎国际马拉松男子季军——中国运动员首次在国际马拉松比赛中拿牌，并以2小时13分32秒的成绩打破由张云程保持15年之久的全国纪录。翌年，1981年北京国际马拉松赛的成功举办，极大促进了我国马拉松运动的发展，"210"也渐成长跑名将们誓破的关键门槛。

1997年，此前就多次刷新全国纪录的"蒙派"悍将胡钢军，终于在北京马拉松暨第8届全运会马拉松赛中，以2小时09分18秒的战绩成为首个跑进2小时10分的中国运动员。同时,该成绩只比当时埃塞俄比亚选手贝莱内·丹萨莫(Belayneh Dinsamo)2小时06分50秒的世界纪录慢了2分28秒——这也是迄今为止中外马拉松纪录的最小差距。在征战北京马拉松的近十年间,胡钢军三夺冠军(1993、1994、1997,是北马历史上唯一的男子"三冠王"),四获亚军(1992、1995、1996、2000),可谓1990年代中国男子马拉松赛场上的绝对霸主。2007年,同样是在这条见证了无数荣耀的北马赛道上,仅接受过3年正式训练的青海小将任龙云横空出世,以2小时08分15秒的成绩夺得男子亚军,打破了尘封十年之久的男子马拉松全国纪录。北京奥运会前,由于饱受伤病困扰,任龙云无奈与奥运梦失之交臂,但他所保持的全国纪录却如同一座巍峨的山峰,让后来者迟迟难以翻越。以至人们不禁设想,究竟会在怎样的场景下见证纪录的改写,是柏林、瓦伦西亚那样世界闻名的"高速"赛道,还是东京、首尔这样的亚洲高水平舞台?

答案最终于2023年春天揭晓。在风景如画的无锡马拉松赛道上,90后双骄何杰、杨绍辉分别以2小时07分30秒和2小时07分49秒的成绩创造历史,"207"时代姗姗而来。同年年底，日本福冈国际马拉松赛上，杨绍辉继续延续火热状态斩获亚军，并以 2 小时 07 分 09 秒的成绩将全国纪录再次改写。一年之内两破全国纪录，并有多人打开"210"关口，2023 年成为中国马拉松全面提速的开始。

然而，破纪录的脚步还未停止，时隔仅 4 个月的 2024 年无锡马拉松，成为国内现役顶尖选手挑战个人最好成绩、争夺奥运参赛资格的重要一役。在这场阵容更甚于全运会的比赛中，何杰凭借后程加速，以 2 小时 06 分 57 秒的成绩夺得国内冠军并又一次刷新全国纪录，"206"时代由此开启。

从 2:08:15 到 2:07:30，中国马拉松人经历了长达 5628 天的等待与努力；从 2:07:30 到 2:07:09，纪录的跨越用了 258 天；继而以 112 天的神速，飞跃至震撼群伦的 2:06:57。"既是好友亦是对手，让我们共同见证马拉松的最好时代！"这是何杰与杨绍辉在社交媒体共同写下的话语。惺惺相惜的两人联手提速，三次刷新全国纪录，在中国男子马拉松史上最好的六个成绩中占据五席，也为中国马拉松带来了更多希望。2024 年尾声，中国马拉松又传来喜讯。在汇聚了全球顶尖选手的瓦伦西亚马拉松赛上，00 后新星丰配友跑出了 2 小时 07 分 06 秒的成绩，不仅大幅刷新个人"PB"，还创造了中国历史第二好成绩。随着越来越多的精英健儿涌现，中国马拉松已然踏上了前所未有的黄金征途！

表4　中国男子马拉松"210俱乐部"运动员一览
（截至2024年12月）

排名	姓名	成绩	时间	地点
1	何杰	02:06:57	2024.03.24	无锡
2	丰配友	02:07:06	2024.12.01	西班牙·瓦伦西亚
3	杨绍辉	02:07:09	2023.12.03	日本·福冈
4	吴向东	02:08:04	2024.02.25	日本·大阪
5	陈天宇	02:08:11	2023.10.29	北京
6	董国建	02:08:12	2024.02.25	日本·大阪
7	任龙云	02:08:15	2007.10.21	北京
8	贾俄仁加	02:08:32	2024.09.29	德国·柏林
9	韩刚	02:08:56	2007.10.21	北京
10	胡钢军	02:09:18	1997.10.04	北京
11	桑吉东知	02:09:29	2024.03.24	无锡
12	高鹏	02:09:34	2023.10.29	北京
13	彭建华	02:09:57	2023.03.19	韩国·首尔

3. 巾帼逐梦，芳华印记

从1984年洛杉矶奥运会正式设立女子马拉松比赛，到1986年汉城亚运会增加女子马拉松项目，再到1989年北京马拉松赛道上首次出现女子运动员，1980年代可谓马拉松运动在全球范围内真正迈向男女平等的最重要阶段。其间和此后三十余年时间里，不仅马拉松江湖中的芳华印记渐趋瑰丽，中国女子军团所展现出的超然实力也常令世界刮目相看，而巾帼逐梦的第一人，自然当数有"亚洲马拉松皇后"美誉的江苏姑娘赵友凤。

1988年，赵友凤先是在名古屋女子马拉松（Nagoya Women's Marathon）中以2小时27分56秒的成绩创造亚洲新纪录，勇夺冠军，成为第一位在重大国际马拉松赛事中折桂的中国人；接着于汉城奥运会上跑出了惊艳世人的2小时27分06秒，位列第五，是除2008年北京奥运会外的中国选手最佳奥运排名。1989年，状态正酣的赵友凤蝉联名古屋女子马拉松冠军，随后在1990年北京亚运会上带伤斩金，成为史上首位获得亚运会冠军的中国马拉松运动员。

有了1980年代末的良好开局，接续奔跑的中国姑娘们频创佳绩。1993年，王军霞在世界杯马拉松赛中一骑绝尘；1996年，任秀娟横扫世界半程马拉松锦标赛群敌；2003年，孙英杰成功闯入2小时20分大关；2007年，周春秀夺得伦敦马拉松冠军，晋身马拉松世界大满贯中国一姐，并在2008年北京奥运会上奋勇摘铜；2009年，白雪斩获世锦赛马拉松金牌……

21世纪第二个十年以来,马拉松女性跑者在中华大地和世界各地继续竞绽芳华。如今,张德顺、夏雨雨、李芷萱、白丽等专业运动员正全力以赴追赶前辈的步伐,续写巾帼逐梦的传奇篇章;黄雪梅、张水华、伍玲等知名业余跑者及众多马拉松爱好者则通过长跑来感受生命的节奏和韵律,体悟生活的斑斓与多彩。

4. 从萌芽走向繁荣的城市马拉松

1970年代末,改革开放大幕的徐徐拉开与国际奥委会合法席位的正式恢复,为中国体育事业的新一轮发展提供了时代机遇,也为国际体育赛事的举办创造了有利条件。于是,1980年代初,当有关单位提议在首都组织国际马拉松比赛时,几乎没有遇到任何阻力,以天安门为起终点的经典国马路线方案也得以顺利通过。

1981年,9月的北京秋高气爽,首届北马当天,沿途每一条街道都万头攒动,挤满了为各国各地参赛选手鼓劲加油、呐喊助威的热情观众。"过西单了!""到前门了!"街道两旁的房子里,守着黑白电视观看实况转播的居民,不时地向外面的人喊话报告运动员的位置,整个京城因马拉松而沸腾。如今来看，1981年北京国际马拉松赛不仅是体育领域改革开放的重要历史见证和代表性成果，更标志着城市马拉松作为全运会外的另一个轴心的悄然出现。

1983年第3届北马同期，中华全国体育总会在上海召开会议，对萨马兰奇先生赞助群众性马拉松的建议表示认同——时任国际奥委会主席萨马兰奇曾提出"群众性马拉松"的概念，倡议在中国组织万人参与的马拉松赛事以促进这项运动的大众化，且表示国际奥委会将提供赞助。1985年，首场万人马拉松赛于北京率先打响，随后一年一座城市，历经成都、大连、洛阳、昆明，到1990年在广州收官。事实证明，融合专业运动员与大众跑者的万人马拉松模式具有超乎想象的影响力，不仅六座城市六场比赛，场场超过万人参与，还孕育了办赛历史仅次于北马的大连马拉松（1987年在大连举办的万人马拉松赛即是如今大连马的首届），刺激了比肩大连马的杭州马拉松的诞生（杭马的前身之一中日西湖桂花马拉松赛仅晚于大连马5个月），打开了刚刚荣膺雅培世界马拉松大满贯候选赛事的上海马拉松的起航思路（第1届上马即"96上海国际市民马拉松赛"的运行逻辑正是精英与大众共同参与）。

1998年，开中国城市马拉松之先河的北马再次引领潮流,向全社会开放报名。2003年,厦门马拉松横空出世,凭借强势且灵活的营销、"一赛一会一论坛"的创意、国际马拉松和公路跑协会(Association of International Marathons and Distance Races,AIMS)世界大会的承办,影响力扶摇直上。2006—2014年,如今名动江湖的扬州鉴真半程马拉松、郑开马拉松、黄河口(东营)马拉松、太原马拉松、重庆马拉松、兰州马拉松、衡水湖马拉松、广州马拉松、无锡马拉松等悉数登场,中国城市马拉松家族日趋庞大。2015年,中国田径协会响应国务院印发的《关于加快发展体育产业促进体育消费的若干意见》,宣布取消马拉松赛事审批,各地马拉松赛事数量随即呈爆炸式增长。2017—2019年,连续三年办赛数量超过千场。疫情结束后,马拉松运动迎来全面复苏与蓬勃发展的新态势,头部运营机构影响力和示范性的提升、更趋规范与科学的行业标准进一步促进了赛事的良性成长。2024年,10万以上的报名人数已成顶流马拉松的常态,无锡马拉松、武汉马拉松、成都马拉松等的报名规模甚至突破了20万。不难预见,马拉松的浪潮已势不可挡,民与城的双向奔赴如日方升。未来的中国城市马拉松,既会是激昂奋进的长跑赛事,也会是跨越时空的欢乐派对,更会是个体与城市共同成长的和谐乐章。

（二）永恒的国马辉煌——北京马拉松

北京马拉松见证了中国城市马拉松星火燎原的流金岁月。四十余年来，从聚焦专业运动员的高水平国际赛事到每年30000人规模的路跑盛典，从诠释奋发向上精神风貌的时代之颂到彰显全民健身辉煌成就的潮流之选，北京马拉松不仅是蜚声全球的世界田联金标赛事，更是无数跑者心中不可替代的神圣"国马"。

1. 飞跃出竞技场，飞入街巷阡陌

北京马拉松原名北京国际马拉松赛，起步于1981年，为与世界高水平马拉松赛事接轨，2010年更为现名。

1981年是中国体育史上极具标志性的年份，一系列激动人心事件的密集发生，掀起了席卷大江南北的体育热。早春3月，在北京举行的男子冰球世锦赛C组比赛中，身体条件和技术水平都处于劣势的中国队，用豁出一切的顽强在首都体育馆冰球场上上演了一幕幕奇迹，力克丹麦、保加利亚、英国、匈牙利、法国、朝鲜6支队伍，以第二名的成绩昂首挺进世锦赛B组。几天之后的世界杯亚洲区预选赛决赛，中国男排在0∶2落后的情况下，毫不气馁，

奋起直追，连扳三局，逆转韩国队，随着拿到世界杯参赛权的喜讯通过电波从香港传回内地，那句喊出了无数人心声的口号"团结起来，振兴中华"，迅速响彻神州。4月，中国乒乓球队参加于南斯拉夫诺维萨德举行的第36届世界乒乓球锦标赛，将男女团体、男女单打、男女双打、混合双打全部7座奖杯揽入怀中，5个单项的亚军也均收归己有，创下世乒赛55年运行历史的空前纪录。11月，中国姑娘们在日本举行的第3届女排世界杯上七战七捷，首夺世界冠军，五连冠的辉煌历程由此开启。

改革开放初期，各行各业都在加快步伐，竞技体育以其独特的方式生动诠释了国人拼搏的决心、坚韧的意志和众志成城的力量。也正是凭借这样的决心、意志和力量，首届北马即1981年北京国际马拉松赛得以圆满举办，并与上述振奋人心的事件一起铸就了1980年代开局的体育辉煌路。

作为中国第一场国际马拉松赛事，首届北马就成功吸引了来自澳大利亚、加拿大、芬兰、意大利、日本、肯尼亚、挪威、朝鲜、瑞典、坦桑尼亚、美国和中国共12个国家的选手报名。1989年，未及幼学的北马朋友圈则已大幅扩至21个国家和地区，女性运动员也在这一年初登赛场。

1998年，大众马拉松元年，北马不再仅限专业运动员参加，而是面向全社会开放，并将全程马拉松的关门时间从3小时延长到5小时，同时增设了半程马拉松、10公里跑和迷你马拉松，自此，马拉松运动正式飞跃出竞技场，飞入街巷阡陌。

1999年的北京马拉松是新中国成立五十周年庆典后于天安门广场举行的第一项大型活动，参赛人数创历史新高。千禧之年，北马设立了包括全程、半程、10公里、5公里、轮椅马拉松等在内的12个项目，约万名跑者从天安门广场竞逐出发，尽展中国人民迈向新世纪、走进新时代的激昂与豪迈。

2008年，全球最具影响力的体育盛会奥林匹克运动会，如约来到拥有五千年灿烂文明的东方古国。雄关漫道真如铁，而今迈步从头越。那年夏天，伴随着"北京欢迎你"热情洋溢的歌词和朗朗上口的旋律，以"同一个世界 同一个梦想"为主题口号的北京奥运会获得空前成功，北京马拉松也借此东风，迎来前所未有的发展契机。第28届北马不仅延续了此前盛况，更是成为世界田联首批金标赛事，晋升为世界顶级马拉松赛事。在令人瞩目的奥运年，北马赛道将焕然一新的城市面貌与浓厚热烈的奥运氛围巧妙结合,全方位展示了首都在经济发展和城市建设上的辉煌成就,"国马"地位从此再难撼动。

立足京华大地,穿越"双奥之城"。不惧百年疫情的冲击,"一起向未来"的第 24 届冬季奥林匹克运动会于 2022 年初春在北京如期举办,让各国真切感受到"体育具有改变世界的力量"。当年深秋,阔别两载的北马以举办于全球唯一一座"双奥之城"的世界田联金标赛事身份强势回归,用 42.195 公里的风雨同舟投射出一道冲破病毒的希望之光,让马拉松式的疫情在真正的马拉松面前加速跑向终结。

2. 经典国马路,唱响爱国心

北京马拉松的赛道既承载着千年古都的厚重与底蕴,又昭示着现代城市的繁华与时尚,沿途不仅写满了改革筑梦和开放融通的大成就,也传递着使命在肩和奋斗有我的正能量,同时更释放着创新不止和拼搏不息的最强音。一年一度,无数跑者在这里开启他们心心念念的"国马"朝圣之旅。

2024 年北京马拉松于 11 月 3 日鸣枪起跑,起终点分别设在天安门广场和奥林匹克中心区景观大道。清晨,30000 名参赛者在国家大剧院和国家博物馆的"拱卫"下,面向巍然屹立的天安门城楼，高唱国歌，随后声势浩荡地奔赴彰显大国首都形象和中华文化魅力的长安街，场面之壮观，气势之恢弘，冠绝全球。无论是身处其中的跑者，还是收看直播的观众，心中的民族自豪感无不油然而生。

长安街是北马赛道的起步路段。这条寓意"长治久安"的"神州第一街"见证了共和国"站起来、富起来、强起来"的伟大历史进程，北京城的都市风貌也通过它展现得淋漓尽致。对每一位北马健儿来说，踏上这条宽阔无比、平坦无比、壮美无比的街道，途经北京图书大厦、民族文化宫，跨过复兴门桥上的彩虹门，直抵中国人民革命军事博物馆，纵览一众金融巨头和央企、国企的总部，可谓此生无憾。

在接近8公里处，赛道从长安街向北转入西三环辅路，秋色尽染的玉渊潭公园和首都传统地标建筑中央电视塔很快映入眼帘。经过10公里补给点不久，在花园桥短暂西行至慈寿寺桥转北，跑者们便可以享受约5公里左右的温榆河无敌风景。接着跑过从火器营桥到万泉河桥，再向南抵达稻香园桥和苏州街地铁枢纽的3公里路程后，就进入了高校林立的学府圣地。

在20公里到30公里处的赛道两侧，依次坐落着中国人民大学、北京航空航天大学、北京科技大学、中国地质大学、北京语言大学、中国矿业大学和中国农业大学,清华大学、北京大学、北京师范大学、北京邮电大学、北京林业大学等高校也都相距不远。纵横在这片知识的海洋,感受到的不仅是自由的学术气息和浓厚的知识氛围,更有沿途莘莘学子极致热烈的呐喊欢呼与鼓劲加油。

离开学院路,便会进入北马的收官路段——泛奥林匹克景观区。这段长度约12公里的赛道将国家速滑馆、国家网球中心、国家体育馆、国家游泳中心、国家体育场和奥林匹克森林公园完美串联,让每一位跑者都能够重温2008年北京奥运会和2022年北京冬奥会的激情与梦想,并在奥林匹克中心区景观大道的终点拱门下完成属于他们的国马故事。

3. 北马辐射圈

走进这座拥有深厚历史与现代活力的大都市,以北马为标杆的马拉松赛事辐射面正越来越广:如承载双奥记忆的北京半程马拉松、展现城市副中心活力的北京城市副中心马拉松、倡导绿色环保的密云生态马拉松、带领跑者穿越繁花似锦的大兴半程马拉松、融合自然与人文之美的房山半程马拉松、提供大众健身平台的朝阳常营半程马拉松，以及感受秋水澄澈间生态怀柔的怀柔长城马拉松……每一场赛事都在这座城市的历史上镌刻了独特的马拉松印记。

(1) 北京半程马拉松

北京半程马拉松的全名为"北京国际长跑节-北京半程马拉松"，是由北京市体育局主办的世界田联标牌赛事。追溯历史，北半马其实已走过了近七十个春秋，是国内名副其实的积淀最深厚的长跑赛事活动。

为促进群众性体育运动开展，丰富首都人民的春节假日生活，1956年2月15日，正月初四，《人民日报》、《光明日报》、《工人日报》、《中国青年报》、《新体育》杂志、《北京日报》、《北京青年报》7家新闻单位联合发起的"胜利杯"环城赛跑盛大举行。之所以说盛大，一方面是因为参赛规模空前，共有来自各机关、学校、工厂等不同单位的1450名选手参加，创1950年代群众性长跑竞赛人数之最；另一方面则是观赛规模空前，在以天安门为起终点，西单、西四、平安里、地安门、铁狮子胡同、米市大街、东单为主要途经点的近13公里街道旁，站满了数倍于参赛选手的热情似火的观众，他们时而锣鼓齐鸣，时而摇旗呐喊，甚至还有的用说快板、放鞭炮的形式加油助威。

基于"胜利杯"环城赛跑的热烈反响,其从第二年起就升格为春节环城赛跑,并固定于每年农历正月初三举行,至1988年,除受三年困难时期和"文革"影响停办8次外,共举办了25届。1989年,春节环城赛跑改为春季长跑比赛,举办时间从春节移至更适宜户外跑步的3月中下旬。随着比赛规模和影响力的不断提升,不少在京外国友人甚至国外长跑爱好者也开始报名参加。于是,1995年,北京春季长跑比赛顺势变身为"北京春季长跑暨北京国际长跑节",正式走向国际化——当年的参赛人数超过8000人,涉及33个国家和地区。2007年,这项赛事与北京国际公路接力赛合并后定名为"北京国际长跑节",并在2011年,成为世界田联认定的国际级长跑比赛。

2016年,"北京国际长跑节"华丽蜕变为"北京国际长跑节-北京半程马拉松",且自2021年起,每年均获评世界田联标牌赛事。从1956年的环城跑,历时近七十载,到如今的北半马,虽经五次更名,但万千跑友的步伐从未停止,热情和活力从未改变。"在双奥之城,跑一场北京半程马拉松"已经写入无数跑者的心愿单。

北京国际长跑节-北京半程马拉松的起终点与北京马拉松基本一致,路线上后者从天安门广场沿西长安街出发,主要穿越西三环和北四五环，前者则从天安门广场至长安街右转，沿东长安街至建国门桥后向北，历经东二环和北二、三、四环，最终两场赛事的选手都汇聚于奥林匹克中心区，形成完美闭环。

作为比肩"国马"品质的顶尖赛事，北京国际长跑节-北京半程马拉松的体验感自然不容置疑。从王府井、东单商圈核心到建国门使馆区外围，从公安部、商务部到交通运输部、文化和旅游部，从中国石化、中国海油到中国保利、中国石油，从雍和宫、地坛公园到标志性双奥场馆，北半马用其经典的赛道设计，为跑者们呈现了一幅融合古今、贯通中外的城市画卷，行进间的每一段路程都仿佛在倾听北京城的发展故事，都能令人深刻感悟到大国首都厚重、开放、包容的独特魅力。

（2）北京城市副中心马拉松

北京城市副中心马拉松的前身为创办于2017年的北京通州半程马拉松，2021年更为现名，并进入"全马时代"。凭借一届超越一届的匠心独运，年轻的北副马与城市副中心的蓬勃发展相伴而行，已成为展示通州深厚历史文化底蕴和现代化发展建设成果的重要窗口。

北京城市副中心马拉松赛道以大运河文化带为核心，

起点位于通州八景之首——有一千四百余年历史的燃灯佛舍利塔旁的司空分署街。途经运河商务区、行政办公区、绿心公园,以及城市副中心"新名片"的三大文化设施——"文化粮仓"北京艺术中心、"森林书苑"北京城市图书馆、"运河之舟"北京大运河博物馆等新老地标。精准地把"古今同辉、蓝绿交织、水城共融,绿色生态"的城市风貌一览无余地呈现给每一位跑者,真正地将42.195公里的马拉松变为了穿越时代的沉浸式文化之旅。

2024年北京城市副中心马拉松共吸引来自中国、埃塞俄比亚、肯尼亚、美国、德国、日本、芬兰、泰国、委内瑞拉、新加坡、意大利、英国、越南等13个国家和我国港澳台地区的13000名选手参赛。在用热情的奔跑感受大美通州的人潮中,名头响亮、统一着装、步伐矫健的跑团格外吸引眼球,由元大都、北京跑道、奥森跑团等传统竞技型跑团,金融街马帮、北京律协等行业特色跑团,中科院跑马团、中国公安大学跑团、清华四九城跑团等高校跑团,北京医师跑团、双奥跑团、黑暗跑团、何亚君助盲团等公益跑团,以及通州长跑营、通州长跑协会、大厂犇跑团等副中心和周边跑团构成的跑团大军,不仅共同为现场观众演绎了一场速度与激情的较量,也为北副马注入了更多的公益元素，并通过遍布全国的跑团网络进一步提升了北京城市副中心马拉松的知名度和影响力。放眼未来，精心的组织、经典的赛道、精细的服务固然非常重要，依托跑团文化来推动北副马跑向国际知名的马拉松赛事品牌也不失为事半功倍的精妙选择。

（3）密云生态马拉松

自 2018 年创办以来，密云生态马拉松的跑者版图已覆盖五大洲，涉及埃塞俄比亚、肯尼亚、英国、法国、德国、美国、加拿大、澳大利亚、日本等近 30 个国家和地区。它是国内首个以生态为主题的马拉松赛事，也是北京地区唯一一个覆盖全程马拉松、半程马拉松和迷你马拉松三个组别的世界田联标牌赛事。每届密马来临之际，便是选手们驰骋潮河两岸、感悟自然之美、体验民俗风情、呼吸自由味道、品阅诗和远方的美好时刻，更是组织方厚植绿色发展理念、倡导低碳生活方式、激发全民健身热情、增添乡村振兴活力的生动场域。

密云生态马拉松的"生态"之韵，一方面体现在无敌的赛道环境：密云水库下游段的潮河水面宽阔、波光潋滟、百鸟翔集，行进在树荫绿草的左右堤路上的跑者，抬头即现碧空如洗，远望则见青山如黛，周边常飘漫漫花香，耳旁时传阵阵虫鸣,置身于如此隔绝喧嚣、远离世俗的"水清、岸绿、景美、意浓"的春日画卷,神清气爽之际配速往往不自觉间提升,难怪"PB"会悄然而至。另一方面则体现在系统的设计安排:以2024年密马为例,组委会携手北京密云水库保护公益基金会,从志愿者培训环节开始就普及水资源保护知识,并通过密云万象汇购物中心广告屏幕滚动播放"保水"宣传片,借助赛道两侧广告位、拱门、背景板、公里牌等全方面传递"保水"信息,且专门设置了300人的生态保水跑团,以在行进中加深跑者们对保水、护水理念的记忆。组委会还与飞蚂蚁可持续发展中心合作,发起"旧衣回收"活动:每回收5000公斤旧衣物,便会在甘肃民勤县种植666平方米的梭梭树苗,助力西部地区生态建设。此外,迷你马拉松中的"蜂盛蜜匀""云水之家""通航露营""绿跑家庭"等跑团方阵和全程马拉松的赛中赛"京津冀生态跑团联盟挑战赛"以及"密马嘉年华""万人种子计划"系列活动也从多个角度展示了密云的生态农业发展成果,增强了商文旅体融合,将可持续发展理念渗透于整个赛事。

密云生态马拉松凭借"生态"出圈,继而又用密马的影响力支撑生态密云故事的推广,赋能当地社会经济发展,由此形成互助互进的共赢。正所谓"一次生态跑,便知密马好""常来密马跑,更觉密云好"。

(三)漫天樱花,十年锡马

相聚于太湖之滨,用初春锡马来开启新一年的跑马征途,已成为众多跑者的不二选择。2024年,无锡马拉松的报名人数超过26万,不仅创锡马历史之最,还大幅提升了中国马拉松报名人数纪录。扣除直通、慈善的特定名额,全程马拉松的中签率低至3.45%,半程马拉松也仅为4%。跑友的选择无疑是对赛事品质的直接认可,相较于1981年创立的北京马拉松、1987年启航的大连马拉松以及历史悠久的杭州马拉松等老牌赛事,无锡马拉松虽于2014年才首次亮相,却如黑马般瞬息千里。作为马拉松赛事的后起之秀,从初生牛犊到成为如今国内最受欢迎的赛事之一,无锡马拉松究竟有哪些过人之处?

1. 人在画中跑

无锡马拉松的举办恰逢3月樱花绽放、春光灿烂之时,整个锡城美轮美奂。42.195公里的赛道将这座城市最具活力、最负盛名的景观尽数串联，朵朵暖粉海绵与枝头樱花相映成趣，跑行其中，每一步都是春风沉醉，浪漫至极。

跑者们从无锡体育中心出发，到环湖路后会相继途经蠡湖中央公园、蠡湖之光、十里芳堤、鼋头渚等地标，移步异景之间，几乎将无锡最美的山水风光尽收眼底。作为世界三大赏樱胜地之一，鼋头渚独占太湖最美一角，如云如霞的樱花与园林中的亭台水榭璧合珠联，勾勒出一幅如诗如画的江南春景。而十里芳堤路段的樱花步道更是彰显锡马的独特魅力，蓝色的沥青路面上，每隔 4 米就绘有一朵樱花。以地作绸，绣之以樱，在浩瀚烟波中编织出一条旖旎的花带，恰似春天盛放在脚下。

沿山水东路向南，跑者们将在出发 14 公里后迎来最具挑战也是锡马最长的坡道。过坡后沿缘溪道一路向南，进入江南大学的校园路段，半马选手的锡马之旅便进入尾声，而校园内青春洋溢的氛围则会为全马健儿注入新的能量。顺着吴都路一直向东，跑者们将重新认识这座城市的多面风采。从高楼林立的金融街到静谧优美的尚贤河湿地公园，从古色古香的巡塘古镇到波光潋滟的贡湖湾湿地公园，可谓一步一景，步步入画。

跑至 38 公里处，锡马体验中心即映入眼帘，这里承载着锡马一路走来的辉煌,历年的创新实践皆在馆内生动展现。行至此,锡马人过往的美好记忆也随之翻涌。距离不远的太湖国际博览中心是无锡马拉松全马终点,当跑者们冲过张开怀抱的粉红拱门,一年一度42.195公里的江南春日赏景之旅便圆满落幕。

2. 见证中国速度巅峰

如果说柏林马拉松是当之无愧的"世界最快马拉松",那么,无锡马拉松或许可被称作"中国最快马拉松":一方面,知名男子运动员何杰在这里连续两年改写全国纪录,并将中国马拉松带入"206"时代;另一方面,国内首场"破3"人数过千的马拉松赛和"破3"人数最多的马拉松赛等纪录头衔也都由无锡马拉松所掌。锡马之快,可见一斑。

事实上,随着何杰、杨绍辉双双在2023年的锡马赛道上打破全国纪录,无锡就迅速成为严肃跑者追求"PB"的胜地。2024年,锡马实现全国马拉松锦标赛、巴黎奥运会马拉松选拔赛、大运河马拉松系列赛四赛合一,不仅吸引众多国际顶尖选手同台竞技,也成为国内运动员争夺奥运参赛资格的关键之战,竞争格外激烈。历经2个多小时的角逐,锡马男子、女子全程马拉松赛会纪录被埃塞俄比亚和肯尼亚选手先后改写,何杰则紧随3位非洲选手以2:06:57的成绩再次打破中国男子马拉松纪录,与排名国内第二的杨绍辉一同达标奥运。经此一役,彼时中国男子马拉松历史成绩排行榜的前五中,有4项是在无锡马拉松诞生,无锡因此成为名副其实的国内顶尖运动员创造纪录的福地。

表5 中国男子马拉松历史成绩排行榜(前十)

排名	姓名	成绩	赛事
1	何杰	02:06:57	2024年无锡马拉松
2	丰配友	02:07:06	2024年瓦伦西亚马拉松
3	杨绍辉	02:07:09	2023年福冈马拉松
4	杨绍辉	02:07:26	2024年无锡马拉松
5	何杰	02:07:30	2023年无锡马拉松
6	杨绍辉	02:07:49	2023年无锡马拉松
7	吴向东	02:08:04	2024年大阪马拉松
8	丰配友	02:08:07	2023年福冈马拉松
9	陈天宇	02:08:11	2023年北京马拉松
10	董国建	02:08:12	2024年大阪马拉松

从大众跑者的表现来看,2023年无锡马拉松成为全国首场"破3"人数过千的马拉松赛事,1262人共同开启了中国马拉松的新纪元。2024年,锡马再创辉煌,3423名选

手成功"破3"的壮举不仅将其他国内赛事远远甩在身后，甚至能跻身当时的全球前三。一项项纪录的诞生，无不向世人宣告着锡马"中国最快马拉松"的江湖地位。

选手们的优异成绩当然离不开无锡马拉松组委会的精心准备，而帮助更多选手提升速度，也是贯穿锡马赛事组织各个层面的重要标准。在赛事筹办阶段，组委会都会邀请中国田协专业技术人员对赛道进行详细评估，拍摄路线视频，详细展示赛道宽度和路面起伏，供参赛的精英运动员提前参考。与此同时，锡马的赛道上全程铺设了标示完赛最短路程的"蓝线"，以确保选手们可以沿着最优路线奔跑。为了保证赛道上的每一米都不"损失"，组委会仅粘贴赛道蓝线就往往用时一周之久。此外，赛道设计也会充分考虑选手的需求，如弯道与直道保持同宽，指引标志清晰而密集，补给站设置合理且充足。毋庸置疑，正是这些专业而暖心的细节为选手们的优异发挥打下了坚实基础，帮助他们在锡马赛场上实现自我超越。

3. 满目尽是锡马粉

3月的无锡樱花烂漫，在将城市装点为一幅绝色春日画卷的同时，也给览尽最美樱吹雪后的锡马跑者们留下了持久的别样回忆。国内马拉松赛事中不乏标志性的主题色，北马有"中国红"，厦马有"厦门蓝"，但只有无锡这座江南水乡，才能将象征浪漫与温柔的粉色诠释得如此完美，成为跑者心中独特而难忘的色彩符号。

每逢赛事来临，从抵达无锡的第一刻起，种种樱花粉元素就会争相涌入跑者们的眼帘。无论是在飞机场、高铁站，还是城内的大街小巷，抑或是他们下榻的酒店，随处可见的锡马粉时刻传递着赛事的别致气息。

锡马的承办方之一，无锡汇跑体育有限公司（以下简称"汇跑"）更是精心布局，从赛前到赛后的每个环节，都将这标志性的粉色展现得淋漓尽致，营造出独具匠心的锡马氛围。报到现场作为跑者与赛事"邂逅"的第一环，锡马粉的甜美与热情自然会首先扑面而来。入口处的樱花树盛开如云，搭配一颗颗精致的樱花糖，瞬间就将跑者们带入仙境般的樱花世界。会场内，从展板、指引标牌到地毯、灯光布置，无不用粉红为装饰色调，志愿者团队也在鲜艳粉色外套的加持下，显得更加朝气蓬勃。

参赛包中的锡马粉元素则会在经历相逢的喜悦之后，陪伴所有选手站上起点、驰骋赛道。选手们身上的"粉背心"从2015年初次推出就一炮而红，着一身采自樱花的粉，随着起跑枪声融入漫天樱花雨，已成为无数跑者的梦中场景。参赛包中印有"我♡锡马"的左手手套，可能会让锡马新人感到不解，实际上，印着"UR THE BEST"的右手手套的"不翼而飞"并非主办方的疏忽，而是将在终点等待"主人"的到来。如此"配对"的完赛创意，无疑每年都能激发万千跑者突破自我、奋进向前的斗志，让奔跑的锡马选手化身绽放于锡城的一朵朵樱花。与此同时，号码布、雨衣、手环、名牌徽章等必备物品，也皆采用了鲜艳的樱花粉色调，不仅饱含满满心意，更让跑者的锡马记忆变得具象而深刻。

4. 技术让情怀落地

"办好一场马拉松，需要做好一万件事"是马拉松行业的流行语，而对于一切"只为更好的赛事体验"的汇跑来说，不但要把这一万件事做好，更要做巧、做优。为此，汇跑始终秉持"技术让情怀落地"的理念，坚持将科研创新与赛事服务相融合，一路设计出多个开先河的智能化产品。

2016年，汇跑率先研发出"智能领物系统"，并于同年的锡马中首次使用。这项"黑科技"将原本固定的领物窗口转变为灵活的动态流程,从进场、领取号码布到领取参赛服和参赛包,各环节非常顺畅快捷,赛前报到体验的丝滑感显著提升。2017年推出的"分区检录系统"使旗鼓相当的选手们集结同处,大大缓解了起跑拥堵,一经问世便好评如潮。与此同时,基于人脸识别技术的"参赛选手身份识别系统",既提升了领物效率,又几乎从源头杜绝了替跑现象的发生,也推动了该技术在国内马拉松赛事的广泛应用。

2018年,为锡马量身定制的"参赛助手小程序",实现了全天候为选手提供"无忧参赛"的一站式体验:赛前,集合了赛事资讯发布和报名预约功能;临近比赛日,上线实用的电子版官方手册和起终点各功能区的场地导航;赛后,照片服务、证书下载、发票开具、赛后申领等模块均搭载其中。这一创新从此成为无锡马拉松以及汇跑的金字招牌。2020年,"智能领物系统"增加了分时预约功能,引导选手错峰报到的同时,有效避免了因人员聚集造成的安全风险。2023年,锡马携手"美拍拍"在赛事当天布置数十台高清摄像机,全程记录所有选手的精彩瞬间,并采用智能影像AI技术,在24小时内出品89000条视频,为30000名跑者定制了专属的个人马拉松纪录片。

从成功中汲取智慧,在挑战中总结经验。如此锤炼出的产品和服务,成就了无锡马拉松极致的赛事体验。也正是这份专业态度,让锡马始终走在国内马拉松科技创新领域的最前沿——截至2024年底,累计获得相关专利发明30项,成为当之无愧的行业标杆。

5. 专业态度实力"宠粉"

凭借一届超越一届的用心"宠粉",从2014年的12527人到2024年的265920人,无锡马拉松的报名人数在十年间增加了超过20倍,当初毫不起眼的"小透明"已成如今国内跑圈的"最顶流"。

2014年作为无锡马拉松元年,首次办赛的汇跑便提出"为跑者服务"的理念,由此奠定以普通跑者为中心的赛事基调。次年,用无锡出土的战国玉器"玉飞凤"作为主要视觉元素,通过彩绘、镂空等设计手法,锡马完赛奖牌率先告别平面时代,并掀起行业新风。与此同时,汇跑开创性启动"退出候补机制",允许已中签的选手灵活退出,为其留足了选择空间,这一人性化举措一直延续至今,也被国内其他马拉松赛事组织者竞相效仿。此后两年,汇跑又陆续推出"PB衫"和樱花雨出发仪式两大"杀手锏",进一步提升了锡马体验。

2018年,汇跑打破赛事裁判参与服务岗工作的传统模式,全面推行赛事专员制度,将"专业的人做专业的事"落到实处。同年,锡马奖牌再次为选手带来惊喜:正面3D镭射版画的复合材料,使静态画面展现出动态效果,真正实现了"人在画中跑";背面融入古典与现代元素的双凤凰设计,既致敬了"玉飞凤",又寄托了对锡马五周年的美好祝愿。凭借抽象大胆的设计风格和精湛的制作工艺,2018年的锡马奖牌荣获了AIMS年度"世界最佳奖牌"铜牌荣誉。只有想不到,没有做不到。2020、2021年的锡马奖牌设计再进一步,分别变身为"八音盒"和"放映机",于巴掌大的奖牌上摇响一曲《太湖美》、展现一部"锡马史",奖牌变得不只好看,更好玩。精美而有趣的完赛奖牌,也成为大家每年对锡马赛事最大的期待之一。

奔跑不停,"宠粉"不止。2023、2024年,无锡马拉松连续两年诞生男子马拉松全国纪录,带领中国马拉松首次跑进"206"时代,并创造了全马"破3"人数的新纪录。选手们在最美樱花赛道上刷新"PB"的同时,锡马也在前进之路上继续以专业态度"超越昨天的自己",融合十足心意、无限创意与浪漫诗意,实力"宠粉",成为彼时国内报名人数最多的马拉松赛事。

以赛为媒,锡马化身无锡最大的"城市会客厅",成为众多外地人了解无锡的独特窗口。年复一年,它迎接来自世界各地的跑者,用每一场赛事讲述这座城市的奔跑故事,展现这座城市的不凡魅力。锡马十年,如愿绽放;新的十年,征途正启!

(四)白金厦马,永不止步

从 2003 年第一声发令枪响起,厦门,这座微风轻拂的滨海城市,便与马拉松结下了不解之缘。碧水与蓝天相交,朝阳与沙滩相映,绘就了马拉松的诗意画卷。作为世界田联白金标赛事,厦马始终致力于可持续发展,将公益与环保理念融入每一次奔跑。每一位跑者的脚步,不仅在追逐终点的荣光,也为守护美丽家园贡献着自己的力量。

1. 刻进城市 DNA 的马拉松

"北有北马,南有厦马",是中国田协原主席段世杰在调研了厦马运营情况后给出的评价。能与"国马"相提并论,自然说明厦门马拉松在中国城市马拉松版图中的非凡

三、中国马拉松

地位。可谁又能想到,这一无数跑者心目中的"梦中情马"竟源自二十多年前网友的一封电子邮件。

2002年底,《厦门日报》两会热线电子邮箱收到网友"马达"的来信,建议在与马拉松赛程距离相当的环岛路上举办一场正式的马拉松比赛,以此提升厦门国际形象。第二天,邮件内容就被刊登在了《厦门日报》的显著位置。一石激起千层浪,结合同期市人大代表的类似提议,全市上下齐心协力,创造了3个月办赛的"厦门速度"。2003年3月30日,首届厦门国际马拉松赛鸣枪开跑,吸引了来自逾30个国家和地区的11998名选手参赛,中央电视台全程直播,全国观众都能在家中领略赛事盛况与鹭岛美景。同时,厦广新闻台的主持人更是乘坐热气球,在百米高空进行实时报道,各大媒体也纷纷拿出重要版面,全方位展现赛事的热烈氛围与精彩瞬间,厦马一炮而红。

2003年的震撼登场,无疑为第2届厦门国际马拉松赛的再度高歌提供了支撑条件,但表面上的风光却难掩持续成长的隐患。21世纪初,马拉松的社会关注度和市场影响力相对有限,政府出面号召和企业友情赞助尽管是破局的现实选项,但显然不具备长期性。一旦不能依靠"市长刷脸"拉资金,厦马面临的就不只是办成多大规模的问题,而是关乎生死了。可是，若要走市场化道路，挑战则更为巨大，毕竟即便是江湖大哥北马，彼时也还处于八方环球接手的初期阶段，并没有什么成熟的模式可以复制。

困顿之际，能人辈出。2004年就参与了厦马运营的厦门电视台编导张思杰，从2005年开始逐渐成为厦马的实际操盘人，随之开启了厦门马拉松高举高打、一路长虹的黄金征途。在他看来，举办马拉松是利国利城利民的大好事，只要能够打响赛事品牌，实现自我造血并非遥不可及。于是，惊诧跑圈、惊艳同行的"三板斧"很快接连砍出：从2005年同办"一赛一会一论坛"（马拉松赛、中国体育休闲用品博览会和马拉松高峰论坛），到2006年马拉松群雕"跑"进国际奥委会（厦门环岛路上由99座铜雕组成的"永不止步"马拉松雕塑群中的2座雕塑永久落户位于瑞士洛桑的奥林匹克博物馆），再到2007年承办国际马拉松和公路跑协会世界大会，一时间厦马风头无两。其间，通过把赛事资源价值数据化，张思杰团队为厦马"绑定"了至今仍"痴心不改"的总冠名商厦门建发集团，由此确保了赛事运营的充足"弹药"。如上一系列的"神操作"，不仅让厦马品牌迅速名扬海内外，成功跻身世界田联金标赛事之列，而且使厦门城市形象也得到空前提升，厦门市民的幸福感和自豪感同步增强。2021年,厦马再度实现跃升,荣膺"世界田联白金标"赛事——全球第13个、国内第2个。2024年,厦门马拉松开启地球村白金标赛事开年第一跑,从超13万人预报名的火爆场面,到国内顶尖选手的群英会聚,再到5475人"PB"、2347人"破3"的全面提速,无不体现出群雄逐"鹭"的激烈与精彩。

二十多年来,这座海上花园城市和古老的马拉松运动相得益彰、互惠互利。在创新与探索中,厦门相继推出了海沧半程马拉松、鼓浪屿日出女子跑、路跑产业博览会、摄影大赛等一系列赛事和活动,将仅一天的马拉松赛事拓展为覆盖一年四季和厦门各区的马拉松系列活动,把一场专业路跑赛事打造成一个全民参与、形式丰富的体育嘉年华。在厦马的带动下,马拉松所承载的体育精神也让当地原本安闲"佛系"的气质发生了可喜变化。跑步已成为厦门市民的第一大运动,在这里,无论春夏秋冬、白昼黑夜,总能看到环湖而跑的身影。厦门市体育局数据显示,2023年,42%的厦门人经常参加体育锻炼,城乡居民国民体质合格率为91.2%,各项指标全省领先。2023年,世界田联将唯一的"全球特别贡献奖"授予厦马,充分肯定了其对路跑事业所做的贡献,正如世界田联路跑及大众运动总监阿里西奥·磐迹（Alessio Punzi）所言："厦门可以为其他城市开展马拉松运动提供优秀样本。"从"城市马拉松"到"马拉松城市"，在厦门，"跑步爱上一座城"已是现实。

专栏17　冠军奖品只有一条毛巾的马拉松

早在1958年，厦门便举办了该市首次真正意义上的马拉松赛，选手们从享有"岛内最古老体育场"美誉的人民体育场出发（热门电影《西虹市首富》也曾于此取景），在后江埭至吕厝之间5公里长的土路上往返4次，接着再跑回体育场，全程恰好42.195公里。503人的参赛规模虽无法与如今的厦门马拉松相提并论，但已是当年全国范围内颇具规模的马拉松赛事了，对厦门这座中等规模的城市来说，更是一件破天荒的新鲜事。不少市民因听闻马拉松比赛可能"跑死人"，特意赶来围观，热闹场面甚至导致市区几家影院的上座率大受影响。

最终，尽管有22人因体力不支中途退赛，仍有481人顺利跑完全程，完赛率高达95%。厦门大学化学系学生吴树荣一路领先，并以2小时54分10秒8的成绩勇夺冠军。这位初出茅庐的小将在1957年考入厦大后,就曾于校运会上打破厦门市10000米纪录,展现出非凡的长跑天赋。值得一提的是,与如今动辄五六位数的冠军奖金相比,那场六十余年前的马拉松赛的冠军奖品只是一条印有名次的毛巾。

时光飞逝,岁月如梭,2003年厦门国际马拉松赛举办时,组委会特别邀请年近八旬的吴树荣担任鸣枪嘉宾。从500人的土路竞技到上万人的环岛赛跑,当年的冠军站在时光跑道上,用一声发令枪响,宣告了厦门马拉松新纪元的开启。

2. 最美环岛路,海风拂面途

因为一条路,改变一座城。2024年厦马的完赛选手中,超过八成非厦门本地人。如此大比例的外地跑者千里迢迢来鹭参赛,不能全部归因于厦马"白金标"的耀眼标签和长期的精耕细作,其实也和环岛路藏不住的"高颜值"息息相关。

厦门全长43公里的环岛路与42.195公里的马拉松可谓"天作之合",依山傍水的黄金海岸线更是串联起当地的众多美景。形似腾飞大鹏的厦门国际会展中心是厦马赛道的起点,从此处出发,很快就进入海风轻柔、一路繁花的环岛路。寓意开放之门和财富之门的"98金钥匙"与斜对面的椰风寨是第一个5公里内最具标志性的景观。隔栏远眺白石炮台、书法广场，抬眼近观中国最美文艺渔村曾厝垵不久，便会抵达世界上离海平面最近的桥梁演武大桥，选手们信步之上不仅能够感受大海的广阔，聆听涛声的澎湃，更能仰望双子塔世茂海峡大厦，并将鼓浪屿和厦门大学的瑰丽收入眼底。

一条中山路，半部厦门史。跑至鹭江道，便可略览中山路上成片的骑楼建筑群，脑补商贾云集、小食名吃、非遗展演的集合场景。尽管每届的折返点不尽相同，但回程路上的胡里山炮台和进明寺都绝不容错过。特别是后者僧众与义工们精心准备的面线糊，简直就是跑者"撞墙期"的最佳解药。近几年，随着工夫茶、小糕点和时令水果的加入，从未缺席任何一届厦马的进明寺"爱心加油站"早已让众多新老选手们念兹在兹，以至于"不吃面线糊，厦马乐趣无"。

参加过厦门马拉松的跑者，相册里多半会有那么几张与马拉松群雕的合拍照——2006年赠送给国际奥委会的雕塑同样来自这里。事实上，每当行至于此，就意味着42.195公里的路程已经接近收尾，所以尽管疲惫不堪，仍要再稍作坚持,因为终点就在前方,胜利即将到来。

3. 跑"厦"去,向未来

"马拉松城市"的至上荣耀和"最美环岛赛道"的至高赞誉是一代又一代厦马人接棒奋斗的结晶。回顾厦门马拉松的发展历程,红绿蓝"三驾马车"引领的可持续发展理念已深植其中,成为赛事成长的重要基石。

早在十几年前,随着厦马运营体系日趋成熟,张思杰团队便开始思考如何挖掘马拉松赛事新的品牌力量。某次摄影大赛中一张领跑员助力盲人选手前行的照片吸引了他的注意。经过多方打探,张思杰找到了照片背后帮助盲人圆梦马拉松的公益组织,这也让他意识到"体育+公益"的马拉松赛事运营新方向。2010年,组委会在厦门市红十字基金会设立"厦门马拉松红十字爱心基金",用于开展与赛事相关的慈善救助和公益项目,并于十年后成立了国内首个由马拉松赛事独自设立的公益基金会"厦门马拉松公益基金会"。2011年,厦马向残障人士敞开大门,设置轮椅半程马拉松赛,极大提振了残疾人参与体育赛事的信心和热情。此后,包括"爱心图书角""关注阿尔茨海默病——点亮你的记忆"等公益活动的陆续开展,尽显厦马"运动赛事反哺城市发展"的红色公益基调。

2014年的厦马以打造国内首个"零污染"马拉松赛事为目标，推出"绿跑在行动"活动：300组家庭从参赛队伍末尾出发，沿途捡拾遗弃的饮料瓶、食品包装等垃圾，让孩子们从小形成"只留美丽，不留垃圾"的环保意识。翌年，厦马牵手中国绿化基金会"百万森林计划——沙漠锁边林"项目，开始为内蒙古阿拉善盟的腾格里沙漠"添绿"，截至2024年，累计捐赠超过22万棵固沙植物，已长成占地5000多亩生机盎然的"厦门马拉松爱心林"。2019年，厦门马拉松成为全球第一个加入联合国环境规划署"清洁海洋"计划的马拉松赛事，将生态环境保护行动从陆地扩展至海洋。通过"为蓝1小时"公益线上跑和"降塑不降速"净滩活动，践行厦马蓝色公益，号召跑者共同守护海洋家园。

在赛事组织方面，厦马同样将可持续理念融入每一处细节。补给站饮用水使用4.5升大桶装减少塑料浪费，纸杯和完赛包选用可降解材料制作，领物区等场地使用节能的LED屏幕，赛事计时引导车则采用新能源动力……万千思虑，都是为了尽可能减少赛事物料带来的环境污染。2022年，厦门马拉松实现了历史上的首次碳中和，并保持至今。

2024年，世界田联授予厦马全球第一个"可持续发展代表性赛事"称号，对比联合国17项可持续发展目标（Sustainable Development Goals, SDGs），赛事已覆盖其中13项，占比近80%。厦门文广体育有限公司总经理花云表示："未来的厦马还将从可持续赛事、可持续管理、可持续社区服务三个领域开展行动，带动城市可持续发展，促进城市、居民、自然和谐共生。"

从赛事标杆到公益和环保表率，"可持续发展"已成为厦马的一张烫金名片，使赛事生命力不断充盈。新的征途中，厦门马拉松仍将以"跑步让世界更美好"为使命，与三色同频，与城市共振，一路跑"厦"去，一起向未来。

（五）怡宝与你携手奔跑

随着每年马拉松赛事的全面开启，双金赛事、大满贯赛事、"PB"赛道、最美赛道等标签吸引了越来越多的跑友投身其中，享受一场场令人期待的体育盛宴。而在这些马拉松赛事中，总有一抹"怡宝绿"参与其中，宛如一道独特的风景，为跑者提供贴心的服务与支持。

1. 一路相伴，你我的怡宝

作为中国饮用纯净水市场的领先品牌，怡宝始终坚持着"引领行业发展，为大众提供安全、健康、美好的生活体验"的使命。正因如此，马拉松这一代表健康生活方式的运动，成为怡宝发展战略蓝图中的重要组成部分。一方面，马拉松长时间、高强度的运动属性与怡宝安全、纯净的产品定位高度契合；另一方面，马拉松所承载的"专注、行动、超越自我"等精神内涵，也与怡宝始终如一的品质追求和不断进取的创新精神不谋而合。

事实上，早在2012年，当国内一年仅有33场马拉松赛事时，怡宝便已经涉足这一领域，是国内进入马拉松赛事赞助最早、赞助场次最多的饮用水品牌。至2024年，怡宝已累计赞助国内马拉松及跑步赛事超过1200场，提供的饮用水及饮料总量超过5000万瓶。其中，疫情前的2016—2019年，赞助场次更是达到了惊人的732场，平均每两天就赞助一场马拉松，甚至在最高峰时，同一天内赞助多达11场！尽管赞助场次多，怡宝在选择合作赛事时并没有降低对赛事本身品质的要求，坚持将热门赛事作为赞助重点。根据世界田联公布的2024年标牌赛事名单，国内入选白金标赛事2场以及金标赛事16场，这其中有12场马拉松赛的饮用水由怡宝赞助,品牌覆盖率达到67%。十余年来,怡宝见证并助力了中国马拉松的快速发展,这也是怡宝"马拉松精神"的具体贯彻。

表6 2024年国内世界田联白金标、金标马拉松赛事饮用水赞助品牌一览

级别	赛事	赞助品牌
白金标	厦门马拉松	怡宝
白金标	上海马拉松	怡宝
金标	眉山仁寿半程马拉松	康师傅
金标	重庆马拉松	怡宝
金标	无锡马拉松	怡宝
金标	扬州鉴真半程马拉松	烟花三月
金标	上海半程马拉松	怡宝
金标	兰州马拉松	怡宝
金标	衡水湖马拉松	怡宝
金标	太原马拉松	怡宝
金标	长沙马拉松	怡宝
金标	黄河口(东营)马拉松	农夫山泉
金标	上海10公里精英赛	怡宝
金标	成都马拉松	百岁山
金标	北京马拉松	百岁山
金标	杭州马拉松	怡宝
金标	深圳马拉松	怡宝
金标	广州马拉松	百岁山

注:按举办时间进行赛事排序。

2023年4月,前马拉松世界纪录保持者、奥运马拉松冠军埃鲁德·基普乔格成为怡宝马拉松推广大使。双方的"牵手"似乎是一种冥冥之中的安排:1984年怡宝在中国成立,而同一年基普乔格在肯尼亚出生;2012年怡宝与马拉松结缘,基普乔格从场地赛转战马拉松。历经四十年的时间,怡宝从区域走向全国,成为众多消费者值得信赖的饮用水品牌;与此同时,基普乔格两次创造世界纪录、两度赢得奥运金牌,成为马拉松界的传奇人物。二者都肩负同样的使命——让更多人了解并热爱马拉松,鼓励更多人参与这项运动。基普乔格用"no human is limited"的金句,鼓励大家去追寻马拉松梦想,找到自己的内驱动力;怡宝则通过安全、健康的产品,持续为跑者保驾护航。

2. 专业"宝"障

在众多运动项目中,或许没有哪一项比马拉松更需要补水。部分人也许可以赤脚完成一场马拉松,却很少有人能在比赛过程里滴水不进。对跑者而言,无论是比赛还是训练,水都是不可或缺的关键角色。在马拉松的赛道边,怡宝可谓出镜率最高的饮用水品牌,这当然是源于其完整的产品链和对赛事的强大支持。

三、中国马拉松

马拉松是一项以有氧运动为主的耐力运动,选手在比赛过程中会大量出汗。如果不及时补充足够的水分,人体会面临脱水、热损伤和中暑等危险。然而,单纯的补水还不够,汗液的流失也会带走大量电解质,导致电解质失衡,造成机体能量生成的减少,从而导致运动能力下降,严重时会引起肌肉痉挛,无法继续正常运动。因此,马拉松赛事既要为选手提供充足的饮用水,也要提供含有钠、钾、镁等成分的电解质运动饮料。怡宝凭借四十年的专业经验和产品安全、纯净的保证,成为马拉松跑者的信赖之选,保障了他们在赛程中对于水分和电解质的补充需求。

除了品质值得信赖的饮用水,怡宝旗下还有多个子品牌,能满足消费者不同场景下的多元化选择。其中,魔力是怡宝主打的一款运动饮料,特别添加了电解质、氨基酸、维生素和葡萄糖等成分,帮助补充出汗后流失的水分和电解质。依托怡宝饮用水与魔力运动饮料的强大产品力,怡宝品牌为马拉松选手提供了全面的补水解决方案,支持跑者以最佳状态安全完赛。

在一场参与人数约 20000 的全马赛事上,为保证选手充足的用水,纯净水和运动饮料的供给均要以万瓶计。为更好护航赛事,怡宝将自己定位为马拉松赛事组织的一部分。从前期筹备到赛中管理,再到赛后回收,深度融入其赞助的大多数马拉松赛事的每一个环节。在赛前几天,怡宝就会派出团队来到比赛所在地,提前了解赛道沿线站点的供水情况。为了提升赛事方管理效率,怡宝采取了一种点对点的比赛用水配送方式:在开赛前夜,专门派车从工厂或当地供应商仓库连夜将饮用水、运动饮料、桌布、水杯等物料运送至赛道的各个补给点,由此简化传统运输中反复装货、卸货及清算的冗长流程。物资送达后,怡宝团队会负责饮品及其他物资的清点、摆放、整理,并通宵值守,确保赛事的顺利进行。

比赛过程中,补给点的怡宝工作人员又会变身"啦啦队",在赛道旁敲击水鼓,为运动员们加油打气。除了赛道上的补水服务,怡宝还为参赛者们提供多元化的服务。在大部分马拉松的主会场中,怡宝品牌馆都设有精美的打卡点,提供奖牌刻字和号码牌过塑等精心服务,进一步拉近与选手的距离。一路见证众多跑者对马拉松的热爱后,怡宝还选择用更多方式帮助和影响他们。

随着国内跑者水平的水涨船高,越来越多人对成绩有了更高的追求。为此,怡宝在多个城市举办了马拉松训练营活动。训练营的教练团队由怡宝梦之队跑团成员组成,他们通过纠正跑姿、预防运动伤害以及制订训练计划等方式，帮助学员提升跑步技能，并用行动鼓舞每一位跑者。

怡宝梦之队跑团汇集了众多耳熟能详的国内马拉松高手，如全运会冠军尹顺金、两届香港100越野赛冠军游培泉。除此之外，还有如"野人"李鹏、北马一跑成名的李伟、"广东一哥"陈华威等非科班出身的跑圈大神。对于顶尖选手们而言，加入怡宝梦之队是一条不断挑战自我、追逐更高目标的道路；对怡宝而言，成立跑团不仅展现了其对马拉松运动的热爱与专注，更是希望与大众跑者们并肩作战，传递奔跑的力量。

时间有冬夏，城市有南北，"你我的怡宝"始终陪伴跑者左右，一起奔赴每一次长跑，共同经历每一场赛事，用最专业的态度成就这项运动，传递坚持与超越的力量。

四、花式马拉松

探险撒哈拉的沙海需并肩作战,畅饮梅多克的红酒要微醺不醉,体验名古屋的温暖享关怀备至,地球村的"花式马拉松"绝对让君大开眼界、击掌称奇。以近40公里的日均跑量用约一周时间穿越高温干旱、漫天尘粒、流沙暗布、毒物乱窜的撒哈拉沙漠,即便巅峰年度有勇气站到起跑线前的参赛者也不足同期全球人口的千万分之二,"通往地狱之旅"岂非浪得虚名?与之对比,来到距离摩洛哥仅三小时航程的法兰西,一路遍尝牛排、生蚝等奢华补给,畅饮拉菲、玛歌、木桐等顶级酒庄正宗红酒,显然能吸引更多的马拉松爱好者。从淡雅、浪漫、高贵气质的蒂芙尼精美项链到极致璀璨夺目的巴卡拉手工水晶杯,名古屋女子马拉松的完赛奖品则让各地万千女性跑者心之向往。

(一)撒哈拉沙漠马拉松

踏上一段穿越世界最严酷地形的旅程,不仅是对身体极限的考验,更是一场对人类精神力量的探索。这就是撒哈拉沙漠马拉松(Marathon des Sables,MdS)的魅力所在。

1. 一个人的冒险,一群人的追逐

撒哈拉沙漠马拉松由法国人帕特里克·鲍尔(Patrick Bauer)创设。他曾在西非生活过两年,多次驾驶汽车穿越撒哈拉沙漠,从此在心中埋下了徒步穿越的种子。1984年,28岁的鲍尔背着重达35公斤装有食物和水的背包,在沙漠中独行12天,350公里沿途没有村落、没有人烟,也没有绿洲,只有漫漫黄沙。这次成功的冒险让他萌生了创办一项能真正展现人类韧性和毅力赛事的想法。两年后,第1届撒哈拉沙漠马拉松正式诞生。

被誉为"通往地狱之旅"的撒哈拉沙漠马拉松,是一场为期约一周、比赛距离长达约250公里的赛事,自1986年创办以来,一直在摩洛哥南部的撒哈拉沙漠举行。其每年的赛道都不固定,只有到了比赛前一天,跑者在露营地收到路书,才会知道确切路线。比赛分6个赛段进行,每

个赛段都设有"关门时间",选手须按照路书的指引在规定时间内抵达各检查站,否则将失去继续比赛的资格。最终,6个赛段总用时最短的参赛者将被授予冠军头衔。

自1986年初次亮相以来,撒哈拉沙漠马拉松便成为无数勇者心中的圣地。帕特里克·鲍尔则从赛事创始人转变为它的坚定守护者,身为赛事总监的他,年复一年亲自引领这场沙漠挑战的启航与落幕,用不变的热情陪伴着这场极限之旅。在起点,鲍尔用他那鼓舞人心的演讲,点燃每一位参赛者心中的火焰,激发他们挑战自我的勇气;在终点,鲍尔又化身为最温暖的港湾,无论是能力出众的领先者,还是历经艰辛的后来者,他都以相同的热情与尊重迎接他们的归来。在他的见证下,每一位完赛选手都成为自己故事中的英雄。

时至今日,已有超30000人踏上过撒哈拉沙漠的冒险征程。从首届23位勇敢先驱留下探索足迹,逐步扩展到第38届上千名跑者的盛大集结,这不仅是一场持续升级的体育赛事,更是一部关于勇气和梦想的壮丽史诗。截至2024年,摩洛哥运动员赢得了撒哈拉沙漠马拉松男子组38场比赛中的28次冠军。拉赫森·阿汉萨尔(Lahcen Ahansa)和拉希德·埃尔·莫拉比蒂(Rachid El Morabity)两位本土

四、花式马拉松

传奇选手均十夺桂冠,不仅彰显了摩洛哥跑者在这片沙海赛道上的雄厚实力,更将东道主优势展现得淋漓尽致。此外,为了使更多人可以感受穿越沙漠的独特体验,组委会也推出了两项难度相对较低的赛制,原本的传统赛制则正式更名为撒哈拉沙漠马拉松传奇赛(Marathon des Sables The Legendary),并继续吸引那些渴望挑战极限的跑者。

撒哈拉沙漠马拉松的精髓在于为勇士们打造一场前所未有的沙漠探险盛宴。在这片广袤无垠、高温干旱、暗藏流沙、惊现毒物还常有沙尘暴的沙海里,参赛者们穿梭于浩瀚沙漠、枯竭湖泊与古老河床之间,每一步都踏出了对未知世界的无畏探索。他们需肩扛约10公斤重的背包,内装生存必需品——食物、睡袋、药品、水源、消毒用品及指南针——确保在极限挑战中自给自足地前行。2024年撒哈拉沙漠马拉松传奇赛中,日均40公里的奔跑,不仅是对体能的极限挑战,更是对意志的深刻磨砺。其中,最为艰难的第三赛段,是一条长达85.3公里的征途,要求选手连续两天日夜不停穿越沙漠,直至凌晨或正午时分方能抵达营地稍作休息。整个赛程中,选手们需精准管理体力分配、精确掌握水分补给与休息节奏,每一步都凝聚着智慧与策略。夜幕降临,营地成为跑者们的避风港,游牧帐篷虽简朴，却承载着恢复体力、筹备次日战斗的重任。在这里，一顿精心准备、满富能量的晚餐，不仅是味蕾的慰藉，更是为接下来更加艰巨的挑战积蓄力量。

2. 黎明前的黑暗时刻

在黎明前的黑暗时刻，跑者们必须直面"地狱马拉松"的四重考验，坚持下去，胜利的曙光终将破晓而至。

首要的考验无疑是极端高温。比赛期间，4月的撒哈拉沙漠中午气温可飙升至50摄氏度。穿越干燥气候下的沙丘、裂开的地表和沙尘弥漫的山谷，没有遮挡的树荫使炙热的气浪无处不在。地面的高温透过鞋底传来，让双脚就像在火上炙烤。在这种极端环境下，排汗、呼吸、血液循环等降温机制都会超负荷运转，出汗量每小时可能高达2—3升。由于人体约70%由水分构成，体重50公斤的跑者若失水2公斤，可能会出现体能下降、恶心、情绪波动；失水4公斤则会导致头晕、无力、精神错乱；失水7.5公斤则将面临严重的生命危险。2021年的撒哈拉沙漠马拉松就曾因高温天气和胃病蔓延，导致753名参赛者中超过一半未能完赛，更有一名年过50的经验丰富的超级马拉松选手不幸在比赛中丧生。

四、花式马拉松

为应对高温，组委会在每个赛段根据长度设有2—7个补给和检查点，140名志愿者、450名工作人员和60名医护人员随时待命，保障跑者的健康与安全。每位参赛者必须在检查站进行身体状况检测，凡状态不佳的选手都要接受输液治疗。一旦出现第二次输液，选手将失去继续比赛的资格——如此严格的措施旨在确保选手能够在极端的环境中安全完赛。

撒马的第二大危险便是流沙。奋力奔跑的选手们在赛道上很容易被起伏壮美的沙丘吸引，但穿越之路并不轻松，一不留神，就可能深陷其中。每逢这种情境，惊慌失措之际被周围同伴们齐心协力从那吞噬生命的沙沼内拉出来，眼神里就只剩劫后余生的庆幸。穿越数英里的松软沙海，手脚并用攀爬至陡峭的丘顶，同时还要面对如混凝土般坚硬的晒干黏土和干涸的石质河床。在这些遍布拳头大小岩石的地段，特别是下坡时，起水泡、扭伤脚踝、踢裂脚指甲都司空见惯。挑战撒哈拉，就意味着必须时刻警惕这些或无形或有形的险阻。

第三大威胁则是沙尘暴。当高速气流遇上沙丘，便卷起松散的沙土，形成猛烈的沙尘暴。漫天的尘土和沙粒会让能见度降至零，迫使选手们停下脚步、等待指示。1994

年，意大利跑者莫罗·普罗斯佩里（Mauro Prosperi）就在一场突如其来的沙尘暴中迷失方向，最终被发现时已偏离赛道181英里，历经9天才获救。面对风沙肆虐，仍能坚持完成每段赛程的选手，还要克服另一大挑战——忍受肮脏和寒冷。荒凉的沙漠里，没有冲水厕所、淋浴设施或洗漱设备，干净卫生成为一种奢望。夜晚的寒冷更是一场持久战，常会低至10度以下，简易的帐篷无法完全阻挡刺骨的寒意，选手们或是蜷缩在随身携带的睡袋中，或是选择彼此靠近、抱团取暖，共同熬过漫长的黑夜。

第四大威胁来自于沙漠中的有毒生物。撒哈拉沙漠虽然环境恶劣，却依然有不少顽强生存的物种，包括让人心生畏惧的毒蛇、毒蝎、毒蜘蛛等。其中，最危险的毒蛇之一是撒哈拉角蝰，它身披黄色鳞片，善于隐匿在沙丘间，随时准备对过路者发起偷袭，攻击性极强。除了角蝰，还有巴勒斯坦黄蝎，这种体型不大的蝎子，喷出的毒液却能导致呼吸衰竭，甚至危及生命。为防止毒物入侵，跑者们在清晨必须摇晃鞋子仔细检查，以免任何危险物藏匿其中。这些看似不起眼的细节，却是每个踏上撒哈拉赛道的选手必须严肃面对的生存考验。

面对重重险阻，跑者们的心理韧性必须强如一道坚固的盾牌。毕竟，一路奋进在这样充满挑战的环境中，不仅是对体能极限的反复考验，更是对精神毅力的深度试炼，用"钢铁般的意志"形容这些勇士再合适不过了。

专栏18 重生之路

莫罗·普罗斯佩里是一位意大利警察，同时也是一名现代五项运动员，尤其擅长耐力跑。1994年，为挑战自身极限，他报名了撒哈拉沙漠马拉松。彼时39岁的他，已婚并育有3个孩子。尽管家人强烈反对这次冒险，认为穿越撒哈拉的挑战可能会让他有去无回，但莫罗还是义无反顾地踏上了这场注定充满险情的旅程。

那年的撒马仅有80位参赛者，大部分时间里，莫罗都是独自一人在广阔的沙漠中奔跑。赛事第4天是全程最艰难的一站，需要完成57英里的长途跋涉。其间，一场突如其来的沙尘暴让主办方被迫中止了比赛。待风暴过去，其他参赛者陆续在夜幕降临时抵达了第4个检查站，莫罗却失联了。次日清晨，地面和空中搜救队开始搜寻他的踪迹，但无论如何努力，都没有发现任何线索。

与大部队走散后,莫罗在沙漠中找到一座废弃的神殿作为避难所。为保持水分,他不得不吸食背包里湿巾上的水分、舔食岩石上的晨露,甚至在尿液尚清澈时直接饮用。由于没有其他水源,他还用尿液来泡制背包中的冻干食品。食物耗尽后,则开始食用鸟蛋、各种甲虫,甚至生吃神殿附近捕捉到的蝙蝠。尽管点燃火把,在沙漠中写下了"SOS"求救信号,但恶劣天气导致的极低能见度,使几次空中搜救都未能看到。

无奈之下,莫罗不得不离开神殿,向远处的山脉方向行进。根据路上干结的羊粪便指引,他遇到了正在一片稀疏绿地里放牧的小女孩,有了她的帮助,最终与大部队取得了联系。历经9天半的荒漠求生,莫罗的体重锐减约30斤,获救后长达数月只能吃流食,用了近两年时间才彻底康复。

撒哈拉沙漠之行给莫罗上了一堂刻骨铭心的残酷现实课,却也让大难不死的他下定决心刻苦训练,并在3年后顺利完赛撒马。接下来的日子里,他又9次成功挑战这项艰难的赛事,用实力踏出了自己的重生之路。

3. 团结就是力量

自撒哈拉沙漠马拉松创办至今，来自中国的完赛者不过 200 余人，却诞生了口碑爆棚、圈内公认的"带头大哥"陈国强。2024 年，64 岁的陈国强以 35 小时 56 分 44 秒的成绩第七次完赛，在 60—69 岁组别中排名第二。这位前香港消防队员 1999 年首次参赛，是撒马第一位中国面孔，当时他以 25 小时 40 分的成绩位列 563 位参赛者中的第 48 名。接下来的二十多年里，陈国强数度重返撒哈拉，全部成功完赛，并两次跻身 50 岁以上组别前十。

处身极其恶劣的自然环境，撒哈拉沙漠马拉松往往能激发出一种特别的社群感。个体间激烈的比拼虽必不可少，但参赛者共同与沙漠抗争的团结合作之景也并不鲜见。

在跨越近三十年的撒马七战征途中，陈国强凭借对自己身体状况的深刻了解和丰富的复杂地形长跑经验，经常为困境中的跑者提供各种无私支持，从鼓舞斗志的话语，到宝贵水源的分享，再到对体力不支者的搀扶前行，由此让不同肤色、不同民族、不同国度的参赛者体验到超越竞技本身的情感连接，并效仿推广，身体力行地向更多人施以援手，传递爱心。

在广袤无垠的沙漠中，一个孤独的跑者显得无比渺小，但正是社群的凝聚力,让原本艰难的撒哈拉沙漠马拉松变得富有意义。正如 2024 年撒马男子组第二赛段中,前三名选手携手冲线的画面所展现的那样,他们既是竞争者,也是相互扶持的伙伴,并肩作战,追逐着那个看似遥不可及的终点。他们的脚步在沙丘上留下深浅不一的印记,每一步都激起金色沙粒,在阳光下闪耀出亮眼的光芒,成为沙漠中最动人的风景。

(二)梅多克红酒马拉松

谈到马拉松,多数人脑海中浮现的很可能是这样的关键词:令人窒息的距离,沉重乏力的双腿,紧张急促的呼吸,汗水浸透的 T 恤……但梅多克红酒马拉松的一切都与传统"刻板印象"截然不同。对其拥趸来说,梅马绝非对体力与意志的挑战,而是味蕾和精神的盛宴。

1. 顶级名庄敞开喝

位于法兰西波尔多地区西北部的梅多克是世界上最著名的红酒产区之一。1855 年,巴黎世界博览会召开在即,希望借此机会向全球展示法国葡萄酒卓越品质的皇帝拿破仑三世（Napoléon Ⅲ）迫切需要一份精选的葡萄酒名单。于是，波尔多工商会（Chambre de Commerce et d'Industrie de Bordeaux）邀请波尔多葡萄酒经纪人工会（Syndicat des courtiers en vins de Bordeaux）就波尔多所属的吉伦特省（Gironde）的情况提供具体报告。不久，那份代表着顶级佳酿的分级表，也就是著名的1855年列级名庄（Grand Cru Classé en 1855）正式出炉。值得一提的是，在这个沿用了一百七十载的分级名录中，几乎所有的红葡萄酒酒庄都位于梅多克，且多半至今兴盛不衰。

专栏19 红酒助力奥运马拉松

一个世纪前的1924年，奥林匹克运动会第二次来到法国首都巴黎。根据相关记载，那届马拉松比赛沿途除了提供饮用水外，竟然还放置了大量用透明杯盛放的红酒。更令人惊讶的是，运用人工智能技术对当年原始黑白影像资料修复上色后显示，运动员们对醉人的红酒似乎并不抗拒，不少人甚至还开怀畅饮，颇为享受。

超级马拉松运动员、运动营养师詹姆斯·埃利斯

（James Ellis）曾表示："考虑到红酒中含有可增强线粒体活力并有助于抑制炎症的多酚，比赛期间喝红酒并不奇怪。但酒精确实会阻碍肌肉生长、使身体脱水、消耗能量并减缓反应时间。"而在法国，真就有一场红酒马拉松延续了1924年奥运会的"传统"，用二十余个品酒点"取代"了常规补水站，配以丰盛的美食大餐，为选手助力助兴。

......

在被誉为"世界葡萄酒之都"的土地上诞生的马拉松赛，自然要以红酒为主题。创办于1984年的梅马，因其所处的得天独厚的地理位置及不可复制性而久负盛名，至2024年，已举办了38届。对众多跑者来说，梅马就如同当地的葡萄酒一样，在岁月的沉淀中愈加令人神往，是一场足以和七大满贯媲美的"此生必跑"赛事。其赛道围绕梅多克五十多家酒庄和葡萄园蜿蜒而行，那些平日里只能远观的名庄，如拉菲酒庄（Château Lafite Rothschild）、玛歌酒庄（Château Margaux）、木桐酒庄（Château Mouton Rothschild）等都会在赛事期间向跑者敞开怀抱。沿途的二十余个补给站，除提供饮用水外，更有一杯杯浓郁香醇的红酒佳酿等待选手们品尝。伴随着空气中弥漫的芬芳，参赛者更多的是享受过程,至于"PB"、配速都可抛之脑后。正如梅马组委会的口号:"追求打破纪录者,不在邀请之列!"因为在这里,慢跑和畅饮才是王道。不少参赛者历经千辛万苦,只为跑至心心念念的拉菲酒庄,实现梦寐以求的"拉菲自由"。来自世界各地的跑者们把酒言欢,不在此停留驻足十分钟以上都对不起如此顶级红酒的盛情款待。

入喉的美酒怎能缺少美食相伴!为了更好满足参赛者的味蕾,梅多克红酒马拉松为选手们提供的食物丰盛程度堪比美食节。羊角面包、可露丽、奶酪等一般比赛难得见到的奢华能量,在这里不过是开胃小菜。牛排、生蚝、鹅肝酱等都会毫不吝啬地密布于后程补给处,面对正宗的法式大餐,跑者们无不停下脚步,宁愿排长队也要遍尝美味。一场梅马下来,没有谁会饥肠辘辘,而是人人酒足饭饱。

2. 认真你就"输"了

名扬四海的梅马趣味性当然不止于美酒美食,选手们天马行空的服饰穿搭同样会在视觉上为比赛增添无尽的欢乐气氛。

"参赛者必须穿着花哨"位于梅马官网比赛规则的醒目位置。组委会每年都会在赛前公布不同的着装主题,并在赛后为部分衣着"靓丽"的选手送上一箱葡萄酒作为奖励。为拿到这个"最佳造型奖",参赛者纷纷绞尽脑汁、频出奇招,马拉松赛也因此成为 Cosplay 竞技秀。以 2023 年梅多克红酒马拉松的"美食"主题为例,选手们个个化身移动的"美味",热狗、奶酪、八爪鱼、麦当劳叔叔等各种装扮脑洞大开,与身着运动背心、速干短袖、紧身裤的常规场面形成鲜明对比。

经历 42.195 公里的美妙体验后,选手们往往意犹未尽,而主办方也会通过一系列热闹有趣的活动将快乐延续。比赛结束当晚,盛大的舞会将再度欢迎所有参赛者的到来,各大名庄红酒和精致的法式美食任君品尝,动感的乐队演奏也为选手们白天耗尽的"体力槽"及时充上电,精彩的烟花表演则向来访的客人大方展示法兰西的浪漫风情。第二天,组委会还会为跑者们贴心地准备一场恢复性徒步活动,穿梭于各葡萄园、酒庄时,依然能继续享用美食佳酿,当极致的幸福感和满足感来临,梅马之行才算画上完美句号。

出色的组织和"美味"的赛道让梅马多年来始终位居最受欢迎的马拉松赛事之列。也正是如此,其 8500 人的规模越来越难以满足世界各地跑者的需要。于是,每年 3000 多个志愿者岗位的竞争愈加激烈——不少"梅粉"发现未中签后,就会通过这种形式"曲线救国"。

踏上梅多克红酒马拉松的赛道,跑者们的普遍共识就是尽可能慢地跑完全程,以充分享用赛道上的美酒美食。唯一需要注意的就是不要落在以6个半小时的关门时间为配速的"清扫车"后,因为其将"回收"掉队选手,使之提前结束快乐之旅。至于奖品,冠军会收获与体重相等的红酒——组委会认为夺冠者肯定喝得不够——而所有完赛的选手除了拿到一枚官方完赛奖牌外,还将被赠予一瓶由各个酒庄赞助的不同价值的神秘红酒。这样一份"盲盒"完赛礼不仅与红酒马拉松的画风完美契合,也毫无疑问会给亲身体验过"饕餮跑"的参赛者们一份独一无二的回忆。

不求竞技成绩的突破,只求快乐松弛的享受,或许就是梅马的魅力所在。不过,据说每年都有不少选手因为不胜酒力而未能完赛,所以酒量一般的跑友可要当心了:梅多克红酒虽好,可不要贪杯哦!

(三)名古屋女子马拉松

乐享,自由。

快慢,自由。

穿搭，自由。

动机，自由。

和谁一起，自由。

在何处跑，自由。

是否奔跑，也自由。

但，跑过无悔。

对吧？今亦如此。

这是写在名古屋女子马拉松许愿墙底板上的几行短句，亦是女性跑者的宣言。这份宣言细腻、准确地诠释了她们跑步过程中的内心感受，不管快慢、穿搭还是动机，一切皆由自己掌控。它不仅激发了女性在跑道上享受自由奔跑的乐趣，也鼓舞着她们勇敢追寻自己心中的梦想。

1. 完赛就送蒂芙尼项链

名古屋女子马拉松的前身是 1980 年在日本爱知县丰桥市举办的 20 公里路跑赛，1982 年移师名古屋，1984 年升级为全程马拉松。这项赛事曾作为奥运会和世界锦标赛的资格赛选拔赛事，专为女子精英选手设立。2012 年，为满足更多马拉松爱好者的参赛愿望而首次向大众开放，共吸

四、花式马拉松

引13114名女性参加,被吉尼斯世界纪录认证为"规模最大的女子马拉松"。2018年,21915人齐聚名古屋女子马拉松的起跑线,将参赛规模纪录进一步推向新高。一年后,名古屋女子马拉松被世界田联授予白金标赛事认证,成为全球第一个获此殊荣的女子马拉松赛事。

"完赛即获蒂芙尼项链",激励着每一位女性跑者奋力冲向终点。从奥黛丽·赫本站在蒂芙尼(Tiffany)橱窗前享用早餐,到碧昂丝于歌声中表达对蒂芙尼的喜爱,那抹独特的蒂芙尼蓝就一直是浪漫与高贵的象征。名马将这种优雅与赛事融合,每年为完赛者提供不同款式的蒂芙尼设计的精美项链,其中,2024年山茶花造型的小巧项链尤其受到青睐。完赛后,选手们可以在日本境内的蒂芙尼门店刻上自己的完赛时间,使这条项链成为独一无二的纪念——不少参与名古屋女子马拉松的跑者,正是为了获得这串梦寐以求的完赛项链,完成一场充满仪式感的竞赛体验。从2025年开始,名马的完赛奖品将改由法国顶级皇室水晶品牌巴卡拉(Baccarat)倾力打造。完赛水晶杯的最终设计,按照惯例会在赛前一天公布,但可以确定的是,每个水晶杯都由法国工匠亲手打造,极致璀璨夺目,如同迷人的女性光辉。

2. 女性关怀专属赛道

名古屋女子马拉松为何能够"叫座又叫好"？很大程度上要归功于赛事的精心安排。从极具特色的赛道设计与服务到暖心周到的女性特别关怀，足以让每一位参与者都能在名马成为焦点。

对不同年龄、不同速度、不同经验的选手而言，名古屋女子马拉松都堪称最让人放心的赛事。一方面，宽阔平坦的赛道和7小时的关门时间，让"快慢自由"最大限度地落到实处，并使完赛率始终保持在高位。另一方面，与选手们一同奔跑的约千位身穿红色马甲的医师跑者，随时待命的超20家医院和大学的急救团以及百余台AED设备，确保任何紧急情况都能得到及时处理。

如众所知，名马赛道串联着众多地标建筑，从大须观音庙、名古屋城、热田神宫等展现历史与人文风貌的代表性景点，到鹤舞公园和中部电力未来塔等现代城市景观，一幅融合古今的"双面秀"用42.195公里的距离将名古屋的多样魅力一览无遗地呈现给所有名马人。与此同时，名古屋巨蛋的起终点设计，也让每一位跑者都能充分享受"奥运式"出发和冲线的无上荣耀。

赛道两侧，名古屋女子马拉松组委会专为女性跑者打造的绿白相间的卫生间功能区更是备受跑者好评：白色门代表常规卫生间，配有必要卫生用品的绿色门卫生间则专为生理期女性准备。从 2017 年首次设立 9 处生理期卫生间，到 2024 年增加至 216 处，数字增长的背后正是名马对女性跑者实际需求的关注和关怀。加上无比贴心的儿童托管服务和女性主题音乐的沿途播放，所有这些细致入微的安排无不让跑者们安心无忧地享受比赛，尽情奔跑。

3. 奔向荣耀与自由的舞台

在 2024 年名古屋女子马拉松的参赛选手中，30—59 岁者占比高达近 80%。她们或在职场奋斗拼搏，或是居家相夫教子，但站到名古屋女子马拉松赛道上，每个人都可以从这些日常角色中抽离，去成为任何想要成为的模样！

作为世界田联白金标赛事，名古屋女子马拉松不仅是大众女性跑者的节日，也是顶尖高手同场竞技的舞台。近年来，该赛事见证了我国女子马拉松精英选手的卓越表现。2023 年名马，张德顺以 2 小时 24 分 05 秒的成绩夺得第四名，不仅大幅度提升了"PB"，还创造了我国女子马拉松近十年来的最好成绩，成为实力超群的现役"马拉松一姐"。2024 年的名古屋女子马拉松，即将成为清华博士生的夏雨雨以

2 小时 25 分 45 秒的成绩获得第五名，成功拿到巴黎奥运会的入场券。从贵州山村到清华大学，再到奥运赛场，夏雨雨一步一个脚印，跑出了属于自己的精彩人生。

不同的目标，不同的配速、不同的风格，但所有跑者都神情自若，向着同一个终点前进，这正是名古屋女子马拉松的吸引力所在。她们在各自的人生轨迹中，经历着多重角色的转换——从稚嫩可爱的孩童到风华正茂的少女，再到肩负责任的妻子和哺育儿女的母亲——而到了名古屋女子马拉松的赛道，她们只需做自己的跑者，专注于脚下的每一步。沿途，无论是天真无邪的小朋友、精神矍铄的老年人，还是满脸笑容的志愿者，都为她们呐喊助威。汗水与泪水交织，这一刻，终点线的荣耀属于每一位坚持奔跑的"她"。

五、马拉松兄弟连

半马虽短却要求速度与耐力的完美结合,越野跑的核心是"野"非"跑",铁人三项集合了游泳、骑行与长跑,堪称终极挑战。从匠心独运的大北跑、如梦似幻的极夜跑,到"秘境之旅"环四姑娘山超级越野跑、"梦想之巅"环勃朗峰超级越野赛,再到英雄辈出、万众瞩目的IRONMAN铁人三项赛,无论选择何种方式,马拉松"兄弟连"多样的道路,都会激励勇者不断超越自我,向更远的目标果敢前行。虽然,再长距离的赛事也终有尽头,不过,对自由精神的追求和生命意义的探索永无止境。

(一)半马不是马?

将42.195公里的全程马拉松缩短到半程21.0975公里,你是否忽然感觉马拉松不是那么遥不可及,或许自己也可以做到。那么,参与半程马拉松是不是真的难度减半、疲劳减半,当然成就感也随之减半呢?唯有每一位半马跑者的亲身体验才能揭示这一谜底。

1. 半马热潮

跑步,作为一种简单易行的运动方式,正逐渐成为人们日常生活的一部分,无论是清晨的公园,还是夜晚的街头,总能看到跑者活跃的身影。在长距离跑的世界里,半程马拉松宛如一座桥梁,架起了从普通跑步爱好者去往更高挑战目标的通路。对于体能、耐力尚在提升阶段的人来说,全马的42.195公里无疑显得过于艰难,而半马的距离则相对更易企及。它让跑者能在尽情体验马拉松赛事氛围的同时,既增强跨越终点的信心,又收获超越自我的乐趣。

从参与门槛来看,半马比全马更好"上手",通常只要能一次跑10—15公里,就具备了半马参赛的基础。如果跑龄超过半年,月跑量超过80公里,便能比较舒适地完成一场半程马拉松。当然,尽管半马入门不难,但要取得不错的成绩,也绝不轻松。相比全马,半马需要跑者在更短的时间内迅速进入比赛状态,配速要求更高,平均心率更快,心肺压力更大,且乳酸堆积更快,这些都对体能和比赛策略提出了更高要求。赛道之上,一味追求速度可能会导致心率飙升、肌肉痉挛，甚至急性关节损伤等意外情况。因此，半程马拉松虽然距离较短，却仍是一项极具挑战性的运动，是一场与身体和意志的艰苦较量，需要良好的协调性与持久的肌肉耐力，值得每位参与者全力以赴地准备和对待。

纵览全球各地的半程马拉松赛，创立于1981年的大北跑（Great North Run）犹如一颗璀璨的明珠，傲然闪耀于世界之巅。这项由1976年蒙特利尔奥运会男子10000米铜牌获得者、日后的BBC知名体育评论员布伦丹·福斯特（Brendan Foster）匠心独运的比赛，第1届举办时就吸引了超过12000名跑者参与，由此开启了一段激情燃烧的奔跑传奇。近年来，每届大北跑的赛道都会迎来约6万名跑者，是半程马拉松全球参赛规模之最，累计参赛人数则已突破130万。赛事之日，英国纽卡斯尔的街道化身为沸腾的海洋，人如潮涌，欢呼震天。头顶之上，红箭飞行表演队的轰鸣划破长空，为这场速度与激情的盛宴添上了一抹绚丽的色彩，让每一位参与者的心潮随之澎湃。

近观国内，半程马拉松的火爆程度同样令人震撼。《2023中国路跑赛事蓝皮书》的数据显示，当年国内举办的699场路跑赛事（人工铺设路面上进行的跑步赛事，不包括越野与山地类项目)中,半程马拉松达377场,占比超过53%,较全程马拉松、10公里跑和其他赛事的总和还要多,且半马的完赛人次高达123.53万,而这个数字在有据可查的2016年仅为45.43万。

2. 拥抱人潮,跨越山海

半程马拉松既是一项你追我赶的竞技赛事,也是一场绚烂多彩的观光盛宴。踏上21.0975公里的征途,不仅是在挑战自我的极限,更是在享受一段久久难忘的旅程。

对于那些渴望于人群中找寻激情和归属的跑者来说,汇聚了成千上万热情观众的城市半马,无疑是最佳的舞台。市井的喧嚣与地标的夺目交织成动人的画面,每一声加油都如同直注心田的能量补给,让前行的脚步充满力量。对于那些向往自然、渴望宁静的跑者而言,也有众多半马赛事等待着他们去探索。从逶迤多姿的海岸线到广袤无垠的大草原,从蜿蜒曲折的山间小径到郁郁葱葱的茂盛森林,每一次呼吸都是对大自然最纯粹的拥抱,让人在奔跑中忘却疲惫,沉醉于壮美秀丽的画卷之中。所以,不用疑虑,无论是城市的繁华还是山野的静谧,总有一场半程马拉松的沿途景致能够直抵跑者的心灵。

五、马拉松兄弟连

如果说巴黎半马可让你于浪漫之都的街头感受独特的法式情调，伦敦半马（伦敦皇家公园半程马拉松）便能为你带来金秋时节四大皇家绿地的别样魅力。倘若想在夜晚体验激情澎湃的路跑，定然不能错过拉斯维加斯摇滚马拉松，沉浸在这座城市的夜间狂热氛围中，或跟着若干乐队一起"串串烧"（起终点和沿途均设有现场表演），或来段"猫王模仿跑"（向"摇滚之父"致敬），或与亲爱的TA"跑进"婚姻殿堂（拉斯维加斯摇滚马拉松提供给夫妻重读挚爱宣言或新人喜结连理的特色机会），你会重新理解并更加钟情跑步。北京半程马拉松当然会让每一位参赛者在奔跑中感受"双奥之城"的无限风采，万人齐聚天安门广场，唱响国歌，何其庄严，何其豪迈！

如果要在自然中寻觅奔跑的力量，那么选择一场穿越山海的半程马拉松无疑是最好的决定。蒙特雷湾半程马拉松沿加州美丽的太平洋海岸，可以欣赏到不可复制的如画美景，赛道蜿蜒起伏，跑步的节奏与太平洋的浪涛声交织，令人心旷神怡。地球的另一端，挪威极夜半程马拉松则带来截然不同的体验。每年一月，赛事在北极圈内的黑夜中举行，此时太阳还无法升上地平线。跑者在极夜的寒冷空气中奔跑，时刻留意着天空中神秘绽放的极光，那如梦似幻的场景让每一步都充满了诗意与惊奇。

3. 不同人的半马"终点"

精英跑者钟爱半马，他们一次次突破体能的极限，一轮轮挑战速度的边界，让21.0975公里的赛道上诞生一个接一个的不可思议。1993年，肯尼亚选手摩西·塔努伊（Moses Tanui）成为首位在一小时内跑完半程马拉松的运动员，是名副其实的半马速度先驱。此后，无数跑者接棒奋进，创造历史，续写传奇。如今，男子半程马拉松的世界纪录由埃塞俄比亚人约米夫·卡加尔查（Yomif Kejelcha）保持。他在2024年西班牙瓦伦西亚半程马拉松中以57分30秒的成绩夺冠，比前纪录保持者、乌干达运动员雅各布·基普利莫（Jacob Kiplimo）的成绩快了1秒。女子半程马拉松的完赛时长同样令人惊叹。纯女子全程马拉松世界纪录保持者佩雷斯·杰普切切也是纯女子半程马拉松世界纪录缔造者，她在2020年世界半程马拉松锦标赛中一骑绝尘，跑出了1小时05分16秒的优异成绩。埃塞俄比亚选手莱特森贝特·吉迪（Letesenbet Gidey）则凭借1小时02分52秒的出色表现成为迄今为止半马最快的女性运动员。

大众跑者青睐半马，不仅因为半马是迈向全马的必经之路，更因为半马教会了他们如何科学训练、如何系统备战、如何安全完赛。如今，越来越多的半马选手不再把它当作"简易版全马"，甚至想当然地认为"疲劳感会减半"，而是随时关注运动中身体的细微反应，以更棒的体验感为前提去合理地分配过程体能，以自身的健康为基础去稳步地提升过程配速。毕竟，每一滴汗水，每一次付出，每一轮拼搏，都是前进路上的自我超越，无关高低，皆是精彩。

踏上半程马拉松的赛道，就是开启一段独特而深刻的人生旅程。一路上，你将经历数次与自己心灵对话的时刻。当身体疲倦、肌肉酸痛、各种"放弃"之念充斥脑中时，你可能会反复自问："为什么要坚持？"也许是要检验过去一年风雨无阻每周三跑的训练成效，也许是为兑现当初让身材回到大学时代的千金一诺，也许是想找到很久未尝的战胜自我的人生成就感，也许是对起点不公、工作不顺、生活不堪换一种形式的不屈抗争……也许答案还在风中飘扬，你却不知不觉距离终点越来越近。这也许就是半马的最大魅力：它保持了跑步传统的竞技属性——给了精英选手突破极限、创造奇迹的更多机会；又赋予了跑步全新的哲学内涵——给了大众跑者完成救赎、开拓新生的更多可能。对所有人来说,半马的里程都是相同的,而对每个人来说,终点的意义都是独特的。

(二)马拉松的尽头是越野?

"马拉松只是开始,越野跑才是归宿"是近年来跑圈的流行语。此种"鄙视链"虽只是调侃,却也揭示了部分资深跑者喜爱越野跑尤甚于马拉松的现象。随着疫情后泛户外运动的大暴发,越野跑这一外行人眼中"找罪受"、普通跑者嘴里"吃不消"的运动,成了当下最热门的户外项目之一。对于那些已经能够轻松完成马拉松、渴望全新挑战的跑者来说,越野跑的确是一种进阶之选。他们像无畏的冒险家,不满足于平坦大道上的奔跑,而是向着未知的山林、无边的荒野进发,跨越崎岖、蹚过溪流、攀登高峰,聆听大自然的心跳。这种探索精神激励着他们不断突破自身极限,去拥抱更广阔的天地,书写属于自己与自然相互交融的壮丽篇章。

1. 越跑越野

要说越野跑和路跑最大的不同,当然在于两者的比赛环境。按照国际越野跑协会（International Trail Running Association, ITRA）的界定，越野跑是指在山脉、森林、沙漠等自然环境中开展的行进运动，铺装路面最多占赛道总长度的20%。选手脚下往往是不平整的碎石土路和蜿蜒的山间小道，复杂的路况要求跑者根据环境随时调整身体动作及步幅节奏，灵活应对，而接连不断的地形起伏又会进一步增加挑战难度。根据ITRA的"公里努力"（Km-effort）标准，在垂直距离上爬升100米的"努力"与在水平距离上前进1公里相当。同时，一般情况下，海拔每上升100米，气温约会下降0.6摄氏度；当海拔达到2000米时，气温要比海平面低约12摄氏度。这也在一定程度上致使高海拔地区天气常变幻莫测，也许山脚晴空万里、温度舒适，上山后就大风骤起、雷雨交加。但正是多变的环境与未知的挑战，令一众越野跑爱好者们心驰神往、热血沸腾。选手们跋山涉水、跨溪越涧，逐一战胜大自然设下的重重挑战，而成功冲过终点的那一刻，满满的成就感和喷薄而出的喜悦感简直无法用言语来形容。

"越野跑"三个字中，"跑"不是核心，"野"才是。跑者前方的地形、地貌尽是未知，如同在游戏中探索新地图一般，感受城市生活中不会存在的"野性"。选手们时而穿梭林间，领略"树木繁茂，百草丰饶"的山川姿容；时而驻足山巅，体悟"横看成岭侧成峰，远近高低各不同"的别样意趣。当眼前的自然景致持续更迭变幻，跑步或许已不再是一场执着于追求更高配速、更短完赛时间的数字角逐，反而增添了一份源于内心深处的探索渴望与冲动。

2. 阿尔卑斯山上的越野跑殿堂

与马拉松固定的赛程和平坦的路面不同，各类越野跑赛事的路程长度、地形地貌、海拔变化量都有不小差异，也正是这种多样性赋予了每场比赛与众不同的魅力，吸引越来越多的勇者前赴后继。要论哪一场赛事是越野跑选手的终极梦想，答案毫无疑问是以高难度赛道和雄奇冰川风光而闻名的环勃朗峰超级越野赛（The Ultra-Trail du Mont-Blanc, UTMB）。

这项越野跑者心中的殿堂级赛事由米歇尔·波莱蒂（Michel Poletti）和凯瑟琳·波莱蒂（Catherine Poletti）夫妇于2003年创办，每年的8、9月份在法、意、瑞三国交界的阿尔卑斯山区举行。选手从法国小镇夏蒙尼出发，沿着崎岖不平的山路环绕阿尔卑斯山最高峰、海拔逾4800米的勃朗峰一周，全程约171公里，累计爬升超过惊人的

10000米——约等于12座世界第一高楼迪拜塔的高度(828米)。这条对徒步者来说通常要一周时间才能走完的"魔鬼赛道",环勃朗峰超级越野赛的冠军选手一般用20小时左右即可完赛,而普通参赛者则需在46.5小时的"关门时间"内跑完全程。因此,大多数参赛选手都是从周五(比赛第一天)下午出发后连夜跑至周日,仅在途中的补给站进行短暂休息。

专栏20 户外运动天堂——夏蒙尼

夏蒙尼(Chamonix)小镇坐落于被誉为"欧洲屋脊"的阿尔卑斯山脉最高峰勃朗峰[因常年覆盖有大面积冰川,又名"白色山峰"(法语Mont Blanc本意)]脚下。传说中,勃朗峰受神奇力量封罩,是凡人不可能登上的仙境和天堂。直到1786年,乡村医生米歇尔-加布里埃尔·帕卡德(Michel-Gabriel Paccard)和采矿人雅克·巴尔马特(Jacques Balmat)才结伴完成了这一不可思议的冒险,两人的成功登顶既被视为现代登山运动的开端,也拉开了夏蒙尼户外运动产业发展的序幕。随着酒店、公路、铁路等配套设施相继建成,当地得天独厚的冰雪资源得到系统开发。1924年,首届冬季奥林匹克运动会在夏蒙尼的成功举办,进一步推动其成为全球著名的滑雪胜地。

夏蒙尼的户外运动"打开方式"显然不止于此。一条从小镇出发、全长约171公里的勃朗峰环线,既是无数越野跑者挑战极限的梦想路,也是欧洲最负盛名的徒步路线"环勃朗峰徒步"(Tour du Mont Blanc, TMB)的所在地,沿途可欣赏高山草甸、云霭花海、瀑布流水、雪山冰川、森林湖泊等绝美风景,被《国家地理》(*National Geographic*)评为世界十大徒步路线之一。此外,攀岩、漂流、滑翔伞、山地自行车等活动也都能带来与自然亲密接触的非凡体验,持续吸引众多户外运动爱好者一年四季纷至沓来。夏蒙尼,这座阿尔卑斯山下的法国小镇,不仅是户外运动的天堂,更是让人心灵得到滋养的世外桃源。

························

为了让更多人有机会在家门口感受越野跑的魅力,UTMB在全球各大洲打造了逾50场世界系列赛,其中环勃朗峰超级越野赛则作为整个系列赛的总决赛,如同游戏关卡里的"终极BOSS"一般,迎接着越野跑者们的挑战。

如今的环勃朗峰超级越野赛共设有8个组别：171公里的UTMB、100公里的CCC、50公里的OCC、团队组别300公里的PTL和148公里的TDS、短距离体验组别MCC和ETC，以及面向年轻选手的YCC。其中，最经典、最具挑战性，也是最受关注的组别，非UTMB莫属。其每届参赛资格仅有2000多个，除了极少数在UTMB世界系列赛中获得直通名额的顶尖选手外，大部分跑者需通过世界系列赛累积积分——也被称为"跑石"（Running Stones）——而后通过抽签获得参赛资格。跑者所拥有的"跑石"越多，被抽中的概率就越大。这一新颖且严格的选拔机制，不仅确保了赛事的高质量，也激发了越野跑者不断进阶的动力。为了实现环勃朗峰的梦想，跑者们纷纷投身于全球各地的越野跑系列赛，以获得更多"跑石"，提升中签概率。

当UTMB经典的开场曲《征服天堂》（Conquest of Paradise）伴随发枪倒计时缓缓响起，在小镇回荡开来，跑者心中的兴奋与期待无可比拟。枪鸣之际，脚步踏上那蜿蜒的山路，每一公里的攀升，每一段赛道的跨越，都是他们与梦想的碰撞。

3. 中华大地上的越野足迹

中国有着世界上最丰富的地形地貌,从辽阔的草原到巍峨的高山,再到广袤的戈壁,越野跑在这里有着得天独厚的天然赛道。但无论是越野跑运动还是越野跑比赛,在中国发展的时间其实都相对较短。

越野跑在国内的真正起点,可以追溯到2002年,杭州一家户外装备店为了销售越野跑鞋,依托西湖群山经典徒步路线"标毅线",组织了一场全长28公里的"2002环西湖快步跑山比赛",即如今"杭州西湖跑山赛"的前身。不过,在那个连马拉松都尚未普及的年代,越野跑的概念显然离大众更遥远,因此,跑山比赛的出现并未掀起任何波澜。2009年,世界顶级越野跑赛事"TNF100"系列赛在北京昌平区落地,这场国内首个100公里越野赛不仅发掘出了运艳桥、邢如伶等初代精英选手,更成为国内越野跑爱好者的启蒙赛事,拉开了中国超长距离越野跑的序幕!从2009—2019年的辉煌十一载到2024年的重磅回归,从北京地区的一枝独秀到走进长白山、莫干山、棋盘山的遍地开花,TNF100为无数选手开启了越野跑的大门,成为他们的"人生第一场越野跑"。与此同时,严格的装备检查、密集的赛道路标、丰盛的食物补给、完备的医疗队伍,种种赛事细节都体现出组委会的用心，在他们看来，越野跑不应该被单纯地定义为艰苦卓绝的体能考验，而是一场尽情尽兴的探险体验。

从西子湖畔的环西湖快步跑山比赛启程，跨越至京城热土的TNF100，越野跑的浪潮随后来到东方之珠——香港。这座倚山临海的世界级城市虽高楼林立，但拥有数量众多的郊野公园，无疑为越野赛的诞生提供了天然条件。2010年以前，香港地区只有团体赛制的"善行者"等越野赛事。2011年，越野跑爱好者吴秀华和丈夫史蒂夫·布拉默（Steve Brammar）策划并举办了首届"香港100越野赛"（也称"港百"）。比赛以知名徒步路线"麦理浩径"为核心赛道，白天，跑者穿越西贡半岛，沿途可欣赏古朴的村庄、青翠的山谷和绵长的海滩，风景如画，令人心旷神怡；夜晚，经过狮子山时，还能够俯瞰美丽的维多利亚港夜景，享受"穿越城市繁华，横贯山海之间"的独特体验，感受自然与城市交织的壮丽景观。通过多年打磨，港百已成为越野跑者心目中的"一生必跑"赛事。2024年，全新的越野跑联盟——世界越野跑大满贯（World Trail Majors, WTM）创立，香港100越野赛是WTM创立元年的赛季第一站，不仅促进了国内外跑者的切磋与交流，也为中国越野跑运动注入了新的活力,彰显了中国体育事业在"一国两制"政策下所取得的辉煌成就与蓬勃生机。

历经二十余载的生根、发芽与滋长,越野跑在国内的认知度逐渐提升,继马拉松之后被越来越多人熟知并参与。从 UTMB 世界系列赛事之一的宁海越野挑战赛,到以高海拔、高难度赛道闻名的梅里 100 耐力极限赛,再到有"亚洲最大规模越野赛"之称的崇礼 168 超级越野赛,顶尖越野跑赛事也在国内不断涌现。与此同时,申加升、赵家驹、向付召、姚妙等一众中国越野跑高手走出国门,在国际舞台上大放异彩,展示了中国越野跑的力量。

专栏 21 环四姑娘山超级越野跑

环四姑娘山超级越野跑始于 2014 年,由阿尔曼发起,每年 11 月的第一周在四川省四姑娘山地区举行。赛道全程几乎无铺装路面,平均海拔超过 4200 米,从较低的山谷区域到较高的雪山观景台变化明显,累计爬升和下降幅度较大,对选手的体能、耐力和适应力是巨大的考验。

作为国际赛事活动——已获得 ITRA 和 UTMB 赛事积

分认证——环四姑娘山超级越野跑融合了快速攀登技术与越野跑技术风格，除保持传统的35公里、50公里、75公里、100公里四大组别，还设有独具特色的30公里大峰速登组、40公里长穿毕组。鉴于高海拔的特殊性，所有组别均要在凌晨满天繁星的夜空下出发。随着海拔的爬升、植被的变化、视角的转化，神圣的雪山、茂密的森林、清澈的溪流和广袤的草甸等等美景都会收归于跑者眼底，让其尽享大自然的壮丽。

经历第一个十年成长期，环四姑娘山超级越野跑的参赛人数渐进增加，已能够吸引来自全国各地和全球数十个国家的众多越野跑爱好者参与——2024年参赛规模达到2079人。与此同时，该赛事还多次获得国内最具影响力越野跑赛事的荣誉，曾被冠以"中国最美赛道""中国十大经典越野跑赛事""全球最酷十大马拉松赛事"等称号。

···

如今的越野跑正逐渐成为中国户外运动家族不可或缺的重要成员。穿上跑鞋，背上行囊，迈出步伐，走进自然的怀抱，在一座座山峰的探索之路上，越野跑让每一位跑者重新认识自己的力量，在大地的广袤与山脉的巍峨中，挑战极限，找寻内心的平静与自由。

（三）从马拉松到铁人三项

42.195公里的全程马拉松，对多数跑者而言已非易事。若在此之前还要经历3.8公里公开水域游泳和180公里骑行，想必"能完成的都是铁人"！水中劈波斩浪与江湖搏击，路上风驰电掣和时间竞速，作为结合游泳、自行车、跑步的超长耐力运动，每一场铁人三项赛都是人与自然、身体与意志的极限对话，吸引着那些勇敢无畏的灵魂，在磨砺中重塑自我，在挑战中追求卓越。

1. 铁人三项的前世今生

现代铁人三项运动兴起于1970年代的美国。彼时，南加州的圣地亚哥田径俱乐部（San Diego Track Club）为打破训练的单调乏味，推出了融合游泳、自行车和跑步的新方案。1974年，俱乐部成员杰克·约翰斯顿（Jack Johnstone）和唐·沙纳汉（Don Shanahan）联手策划了一场汇集这三项运动的比赛，并将之命名为"铁人三项"（Triathlon）。因在著名的米申湾进行，故赛事全名定为米申湾铁人三项赛（Mission Bay Triathlon），这场46人参加的比赛也被认为是现代铁三运动的起源。只不过，当时的项目顺序并非如今的游泳—自行车—跑步，相反，是以5.3英里（约8.5公里）的跑步开始，其次是5英里（约8公里）的骑行，最后以600码（约550米）的游泳结束。

几年后，曾参加过米申湾铁人三项赛的约翰·柯林斯（John Collins）和朱迪·柯林斯（Judy Collins）夫妇决定在夏威夷举办一场结合威基基激流游泳（The Waikiki Rough Water Swim）、欧胡岛自行车赛（The Oahu Bike Race）和檀香山马拉松（The Honolulu Marathon）三个当地著名长距离比赛的体育活动，并在报名表上写道："完成这场游泳2.4英里、骑行112英里、跑步26.2英里的比赛，一生都值得炫耀！"1978年，首届IRONMAN铁人三项赛（The IRONMAN Triathlon）成功举办，以游泳—自行车—跑步的顺序进行，全程140.6英里（约226公里），15名参赛选手中有12人完成了这一史无前例的挑战。

也许是"铁人"的名号太响亮，铁三运动在此后吸引了越来越多人的关注。国际奥林匹克委员会同样对铁人三项的快速发展产生了浓厚兴趣，并于1988年开始讨论将其列入奥运会项目的可行性。1989年，现世界铁人三项协会

（World Triathlon）的前身国际铁人三项联盟（International Triathlon Union）在法国阿维尼翁成立，并于同年成功举办首届世界铁人三项锦标赛。有了国际铁人三项联盟的力推，由1.5公里游泳、40公里自行车和10公里跑步构成的铁人三项最终于2000年亮相奥运会，铁人精神与奥林匹克精神在竞技场上的交相辉映，共同诠释了人类对极限的无畏探索和对卓越的持续追求。

随着运动技能的进步和赛事组织的完善，铁三逐步衍生出了多种不同距离的赛制。目前常见的主要包括超短距离（Super Sprint）、短距离（Sprint）、奥运会距离（Olympic）、中距离（Middle）和全程距离（Full），其中，中距离和全程距离分别被惯称为半程大铁（Ironman 70.3）和大铁（Ironman）。与此同时，铁人三项的顺序也固定为游泳—自行车—跑步。这样的设置主要是出于安全考虑，危险性较高的项目被安排在前面，以确保运动员在体能充沛时完成，降低受伤风险。

铁三的游泳项目通常在公开水域进行，相较水流平缓的泳池，公开水域不仅要求选手有强大的体能，更需要良好的方向感和心理素质。其既要克服冷水的刺激、浪潮的冲击、对手的碰撞等挑战，又要为后续进行的自行车和跑步环节保存体力,因此,难度系数很高。自行车项目前接游泳,后连长跑,是对技巧与体力的双重考验。经历游泳、骑行的重度消耗,选手的体能往往几近告罄,所以,接下来每一公里的跑行,都是在突破自我的极限。然而,越过终点的瞬间,所有的疲惫和艰辛都会化作无比的荣耀与自豪,那一刻的胜利正是对铁人不懈拼搏的完美回馈。

表7 铁人三项的常见类型

比赛类型	游泳(公里)	自行车(公里)	跑步(公里)	总计(公里)
超短距离	0.4	10	2.5	12.9
短距离	0.75	20	5	25.75
奥运会距离	1.5	40	10	51.5
半程大铁	1.9	90	21.1	113
大铁	3.8	180	42.2	226

2. "You are Ironman!"

如果说马拉松跑者的终极梦想是在有生之年完赛波士顿马拉松,那么挑战一次IRONMAN便是铁三人的至高目标。在所有铁人三项赛事中,IRONMAN以其独特的难度——17小时内完成3.8公里游泳、180公里骑行和42.2公里长跑——成为全球铁三爱好者们梦寐以求的巅峰舞台。在 226 公里的征途上超越自我、突破极限，铁三人追求的并非鲜花和奖杯，而是通过终点线后，来自裁判的那句"You are Ironman!"的荣耀认证。

1978 年，约翰·柯林斯创办该项比赛时，如此向朋友们描述："谁先完成比赛，我们就称他为铁人（Ironman）！"这也正是 IRONMAN 名称的由来。最终，海军出身的戈登·哈勒（Gordon Haller）凭借 11 小时 46 分 58 秒的战绩成为首位冠军。1982 年，IRONMAN 铁人三项赛来到第五个年头，一个意外事件的出现不仅成就了 IRONMAN 历史上最经典的画面，也让铁三运动成功出圈。那届比赛的最后冲刺阶段，经过 11 个多小时的游泳、骑行和长跑，处于领先位置的女运动员朱莉·莫斯（Julie Moss）由于糖原耗尽和严重脱水，步伐变得越来越笨拙，身体逐渐失去控制，最终摔倒在赛道上。志愿者和男选手试图帮助她，但因担心接受帮助会被取消资格，朱莉数次挥手拒绝了大家的搀扶。她就像一只刚刚出生的小鹿，一次次摔倒，又顽强地爬起来。但第四次瘫倒在地后，原本位居第二位的凯瑟琳·麦卡特尼（Kathleen McCartney）在距离终点仅 50 英尺（约 15 米）处超过她，获得了女子组冠军。

当麦卡特尼兴奋地庆祝自己的胜利时，朱莉并没有放弃，而是用双手和双腿合作艰难地爬过了终点线。这位年轻女孩在黑暗中用尽最后一丝力气爬向终点的画面，被美国广播公司的"体育大世界"（Wide World of Sports）节目完整地记录下来，并向全世界进行了报道。尽管与冠军失之交臂，但朱莉展现出的铁人精神彻底震撼了各国观众，无数人被她的坚韧与执着所感染，由此开始关注并参与这项运动，IRONMAN铁人三项赛也迅速声名鹊起并有了新的宣传语——完赛就是铁人！此后，除经典的226公里，IRONMAN70.3铁人赛等子赛事陆续诞生，为不同层次的选手提供了更多选择。

经过四十多年的发展，IRONMAN早已超越单纯的竞技范畴，而升华为一种文化符号，激励着无数人勇敢追梦，挑战极限，书写自己的"铁人"故事。

专栏22 输掉比赛的赢家——朱莉·莫斯

1981年，22岁的朱莉·莫斯被电视节目中播放的IRONMAN铁人三项赛画面所吸引，并决定在次年前往夏威夷亲身体验。为了说服母亲支付长途跋涉的费用，朱莉甚至把参赛计划做成了一个运动生理学论文研究项目。时间转到第二年,刚满 5 岁的 IRONMAN 还相当稚嫩,而朱莉也是个不折不扣的菜鸟——除参加过两场马拉松外,几乎没有任何铁人三项训练及比赛经验。不过,凭借从小在海边长大的优势,她在游泳项目中表现出色,迅速建立了领先优势。随后的绝大部分时间里,朱莉都保持着头名位置,冠军似乎近在咫尺。

然而,随着夜幕降临,进入到比赛最后 1 英里,形势突变。初出茅庐的朱莉因体内糖原几乎耗光,双腿剧烈打颤,接连几次跌倒在地,前进速度因此大幅放缓。在第四次也是最后一次倒下后,朱莉再也无法站起,只能眼睁睁地看着麦卡特尼超过自己,以 11 小时 09 分 40 秒的成绩获得女子第一名。尽管身体和心理都承受着巨大的苦痛,但朱莉依旧没有放弃,而是用尽洪荒之力在麦卡特尼夺冠 29 秒后艰难地爬过终点,荣获第二名。虽然憾失冠军,但她一往直前的勇气和坚不可摧的意志,却赢得了赛场内外万千人的尊重,并以身示范生动诠释了铁人三项的核心精神——永不放弃。

3. 中国铁三新时代

完成 226 公里的大铁挑战，本身就已是了不起的成就，但有一位中国铁人不仅顺利完赛，还打破了亚洲铁三纪录，推动中国铁三进入"sub8"时代，他就是中国职业铁三运动员苗浩。

在 2024 年 6 月的 IRONMAN 德国汉堡铁人三项欧锦赛中，苗浩以 7 小时 58 分 04 秒的成绩，夺得全程 226 公里项目季军，成为首位打开 8 小时大关的亚洲人。回顾分项用时，3.8 公里游泳 51 分 32 秒，180 公里骑行 4 小时 14 分 15 秒、42.195 公里长跑 2 小时 45 分 26 秒，无一不谓震撼。冲刺时刻更是发生了令人热血沸腾的动容一幕，因精疲力竭，苗浩在最后 10 米处踉跄倒地，随后咬紧牙关，用双手撑地拖着双腿冲过终点，现场观众无不被他钢铁般的意志所打动和折服，喝彩欢呼声一浪高过一浪。

其实，跑到 16 公里，苗浩的体能就已接近极限——两眼发黑，脸手全麻，注意力无法集中……支撑他坚持下来的是电影《飞驰人生 2》中主角张弛的一句台词："我努力过无数次了，机会只会出现在这其中的一两次。"苗浩在采访时常提到这句话，而德国汉堡恰恰就是他的巴音布鲁克。从铁三专业运动员到中国首位铁三职业运动员，苗浩对这项运动的热爱让他在长期的高强度训练中从未丝毫懈怠。赛前一晚，他在微博上用一句"不问终点，全力以赴"概括了这一路的历程。

冲线后，难掩激动心情的苗浩身披国旗，挥拳怒吼："China! I'm from China!"向全世界喊出了东方铁人的最强音。接触铁三近二十年来，他身体力行推动这个小众项目走进更多国人视野，并始终坚信，华夏健儿于铁三赛场，一定能攀上更雄伟的高峰。此刻，中国铁三黄金时代的序幕才刚刚拉开！

无论是马拉松的漫长距离，还是越野跑的崎岖山路，抑或铁人三项的全面挑战，都不过是人生赛道的生动隐喻：只有经历风雨，才能得见彩虹。在无疆的奔跑中，最壮美的风景往往出现于最艰难的跋山涉水后，最深刻的感悟常常源自最痛楚的绝地重生中。但无须疑虑，当我们回头望去，那些曾经的汗与泪，全将化作生命中最宝贵的财富，使我们能够加满油再出发。行文至此，愿每一位读者都能在人生的征途上勇敢前行，以不屈的精神直面生活的苦难和命运的不公，用坚持与热爱书写属于自己的最精彩篇章。

后记

跨越三个世纪的成长长河，马拉松运动愈加精彩夺目、熠熠生辉，吸引全球万千跑者争相参与、激情竞逐，以致越来越多的国内外赛事"人满为患""一签难求"。但与此同时，对大量从未跑过甚至从没想过要试一试的圈外人来说，"谈马色变"还是大概率事件，毕竟古希腊英雄信使的故事流传甚广，马拉松会"跑死人"的说法一直很有市场。

如果我们相信，今天是历史的延续，也必将成为明日的历史，那么，完整全面复盘马拉松运动的起源，无疑既是对过往的尊重，又会对未来有所贡献。正基于此，本书开篇便不惜笔墨对古典时代那场以少胜多的马拉松战役中的"关键"人物斐迪皮德斯的跑量和结局进行了史实回溯，继而开宗明义地指出，以英国诗人勃朗宁的诗歌内容推及马拉松运动危害健康甚至致命的论断并不具说服力。

既然完成了"拨乱反正"，自然要接着对风起云涌的城市马拉松大书特书，名满天下的世界大满贯赛事肯定不能轻描淡写，过去近七十年的中国马拉松历程更要重点回顾。在此基础上，为了让读者进一步感受匠心独运的各地马拉松，熟悉它的远亲近邻，"花式马拉松"和"马拉松兄弟连"两章内容便应运而生，全书架构由此成型。

实事求是地说，虽然完稿功成，但因各种原因仍有些重量级赛事未能全景般呈现在读者面前，如2025年的新晋大满贯悉尼马拉松，当下中国的唯一候选大满贯上海马拉松，以及令众多跑者心驰神往的杭州马拉松、兰州马拉松、西安马拉松、南京马拉松、衡水湖马拉松，等等。马拉松征途纵横无疆，后续增补同样不言结束。

本书的最终成稿离不开诸位好友的无私帮助。他们有的是头部马拉松赛事运营机构的主要负责人，有的是知名跑团的创始成员，有的直接间接参与过马拉松赛事管理规则的制定，有的已完赛数十场全马半马甚至手握"六星勋章"……通过与他们的交流，我不仅收获了宝贵素材，找到了写作灵感，也掌握了不少跑步技能，虽然截至目前仍配速平平，但42.195公里早已不再遥不可及。

谢谢两位合作者以及参与过部分写作工作的研究生冯靖然、陈佳铭，那些围炉煮茶碰撞改稿、你追我赶乐享赛道的时光，回味无穷！

最后，请允许我再补上一句，谢谢每一位读过或即将阅读《奔赴山河》《跑者无疆》的朋友，并请继续关注"征途三部曲"的收官之作——《逆风前行》。

白宇飞

2025 年 2 月